Alle Altersstufen

Gisela Ruthenberg

Richtig schreiben

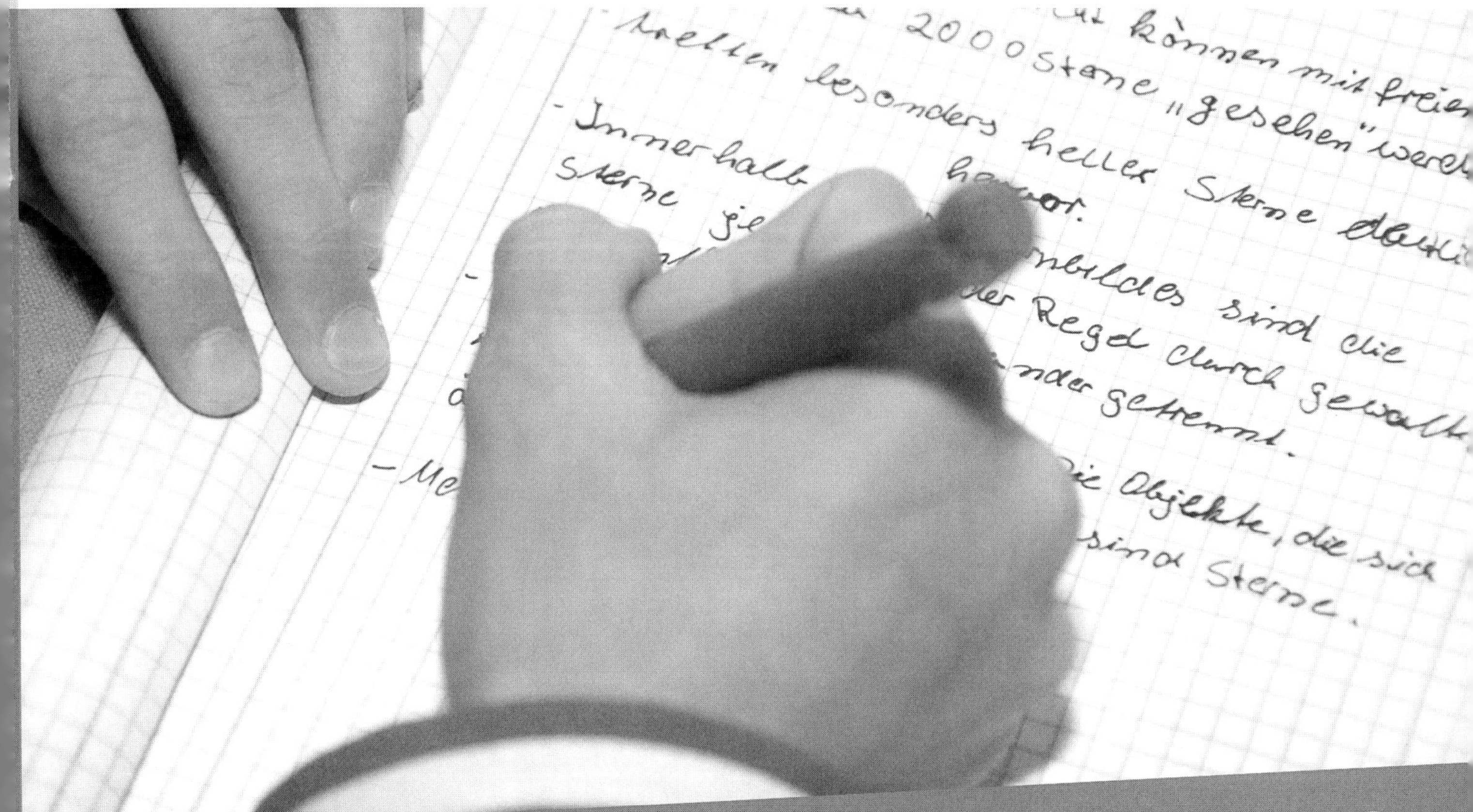

Praktische Lernkartei

Rechtschreibprogramm zum effektiven Training bei Lese-Rechtschreib-Schwäche

Lernen mit Erfolg

KOHL VERLAG

www.kohlverlag.de

Richtig schreiben
Rechtschreibprogramm für die Schule und zum häuslichen Üben

6. Auflage 2024

© Kohl-Verlag, Kerpen 2011
Alle Rechte vorbehalten.

<u>Inhalt</u>: Dipl.-Psychologin Gisela Ruthenberg
<u>Coverbild</u>: © st-fotograf - fotolia.com
<u>Redaktion</u>: Kohl-Verlag
<u>Grafik & Satz</u>: Kohl-Verlag / Eva-Maria Noack
<u>Druck</u>: farbo prepress GmbH, Köln

Bestell-Nr. 11 187

ISBN: 978-3-86632-427-5

Unsere Lizenzmodelle

Der vorliegende Band ist eine Print-<u>Einzellizenz</u>

Sie wollen unsere Kopiervorlagen auch digital nutzen? Kein Problem – fast das gesamte KOHL-Sortiment ist auch sofort als PDF-Download erhältlich! Wir haben verschiedene Lizenzmodelle zur Auswahl:

	Print-Version	PDF-Einzellizenz	PDF-Schullizenz	Kombipaket Print & PDF-Einzellizenz	Kombipaket Print & PDF-Schullizenz
Unbefristete Nutzung der Materialien	x	x	x	x	x
Vervielfältigung, Weitergabe und Einsatz der Materialien im eigenen Unterricht	x	x	x	x	x
Nutzung der Materialien durch alle Lehrkräfte des Kollegiums an der lizensierten Schule			x		x
Einstellen des Materials im Intranet oder Schulserver der Institution			x		x

Die erweiterten Lizenzmodelle zu diesem Titel sind jederzeit im Online-Shop unter www.kohlverlag.de erhältlich.

Inhalt

RICHTIG SCHREIBEN Das Rechtschreibprogramm für die Schule und zum häuslichen Üben – Bestell-Nr. 11 187

KOHL VERLAG

Vorwort

Liebe Lehrer, Eltern und Schüler,

das vorliegende Rechtschreibprogramm wurde in langjähriger Arbeit in der Praxis mit Schülern* und Eltern entwickelt. Es wendet sich als Hilfsangebot an Eltern, die mit ihren Kindern sinnvoll üben wollen, aber auch an Lehrer*, die ein Regelwerk mit entsprechend konkreten Arbeitsblättern für den Einsatz in der Klasse schätzen.

Die Kenntnis aller Buchstaben und die Fähigkeit „lautgetreu" zu schreiben wird bei diesem Programm weitgehend vorausgesetzt.

Die Anwendung des Übungskastens überfordert die Kinder nicht mit vielem Diktatschreiben. Sie üben nur diejenigen Wörter, welche noch nicht beherrscht werden.

Die Dauer der täglichen Übung (mindestens 3 x pro Woche) sollte 15 Minuten nicht überschreiten, um Überdruss zu vermeiden.

Die Lernkartei ist nach lerntheoretischen Prinzipien aufgebaut. Die Schüler können ihren Erfolg selbst messen. Die einfache, klare Anwendung hilft Konflikte zwischen Eltern und Kind zu vermeiden.

Dieses Rechtschreibprogramm schult das Hören, das genaue Hinsehen, integriert das Regellernen und sprachliche Ableitungen, verhilft zur Erfahrung, dass Üben Erfolg bringt und steigert die Lernmotivation.

Weitere Möglichkeiten, das Rechtschreiben zu verbessern sind nach wie vor:

- das Lesen (auch Comics),

ebenso Spiele wie:

- TABU
- Trivial Pursuit
- Scrabble
- Buchstabenwürfeln usw.
- Computerprogramme mit Rechtschreib-Software

und schließlich wie der Kollege Norbert Sommer-Stumpenhorst mit Recht betont:

- Abschreibübungen.

Viel Erfolg beim Einsatz dieser Kopiervorlagen wünschen Ihnen

der Kohl-Verlag und

Gisela Ruthenberg

(Schulpsychologin)

....

*Mit Schülern bzw. Lehrern sind im ganzen Heft selbstverständlich auch die Schülerinnen und Lehrerinnen gemeint.

RICHTIG SCHREIBEN
Das Rechtschreibprogramm für die Schule und zum häuslichen Üben – Bestell-Nr. 11 187

KOHL VERLAG

1   Einführung in die Lernkartei

1. Alle Wörter, die fehlerhaft waren, werden richtig auf eine Karteikarte geschrieben.

⊃ **Fehler:**   ⊃ **Kartei:**

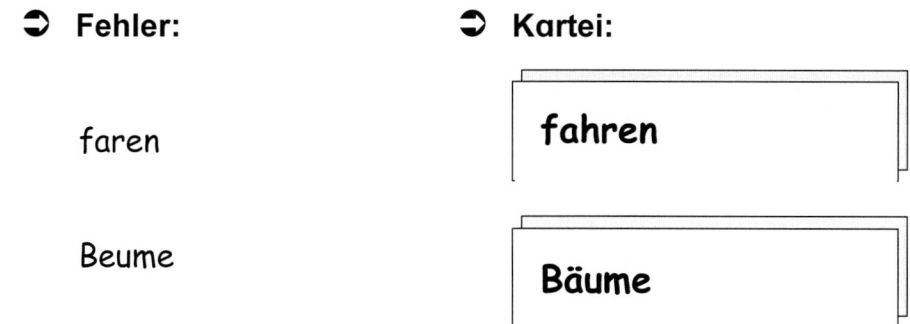

faren   **fahren**

Beume   **Bäume**

Alle Karten werden in einem Karteikasten (Din A 7) in der ersten Abteilung vor dem lachenden Gesicht gesammelt (I).

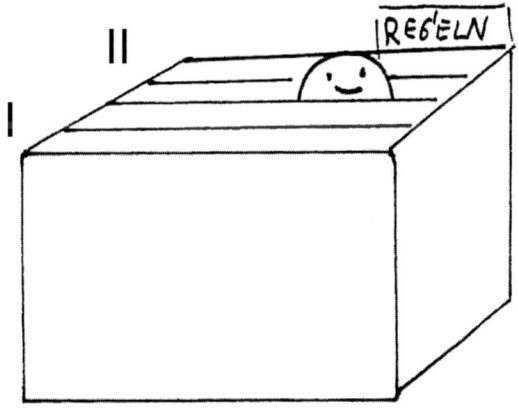

2. Die Wörter werden diktiert und auf ein Übungsblatt geschrieben.
Ist das Wort richtig geschrieben, bekommt die Karte ein Plus (+),
wenn es falsch geschrieben wurde, ein Minus (–).

fahren +
        –
        +
        +
        +

3. Wenn das Wort 3 x richtig geschrieben wurde, rückt die Karteikarte in die zweite Abteilung hinter das lachende Gesicht (II).

RICHTIG SCHREIBEN
Das Rechtschreibprogramm für die Schule und zum häuslichen Üben – Bestell-Nr. 11 187
KOHL VERLAG

4. Die Regeln helfen bei vielen Wörtern, einen logischen Zugang zur Rechtschreibung zu finden. Das heißt, die Regeln werden nur dann zu Hilfe genommen, wenn der Schüler diese individuell benötigt.

5. Manche Wörter müssen einfach auswendig gelernt werden, wie z. B. alle Wörter mit oo, aa, ee, ai, chs, cs, x usw., welche unter den Regelkarten zu finden sind. Diese werden später besonders erwähnt.

6. Gelingt es bei verschiedenen Wörtern nicht, 3 x ein Plus (+++) zu erreichen, muss eine Zwischenübung ermöglicht werden.

⮞ Die Karte mit dem Wort wird dem Kind vorgelegt,

⮞ es bekommt den Auftrag, dieses zu lesen und einzuprägen, „in seinen Kopf zu fotografieren",

⮞ die Karte wird umgedreht,

⮞ das Kind buchstabiert das Wort (wenn es nicht gelingt → nochmals lesen, merken, „fotografieren")

⮞ dann schreibt es das Wort.

Übungszeit: 15 Minuten pro Tag
Mindestens 3 – 4 x pro Woche

lieber häufiger, aber begrenzte Zeit!

Viel Erfolg!

RICHTIG SCHREIBEN
Das Rechtschreibprogramm für die Schule und zum häuslichen Üben   –   Bestell-Nr. 11 187

2 Richtig schreiben ist schwer

Richtig schreiben ist schwer. Das komplizierte Zusammenspiel von Hören, Zuordnung von Buchstaben, Sprachverständnis, Ableitungen, Regelverständnis, Motivation und Emotionen ist vielfältig störbar.

Das vorliegende Übungsbuch kann nicht alle Schwierigkeiten bei jedem Kind beheben. Dennoch hat es viele Vorzüge:

➲ **Einfachheit:**   Das Programm kann leicht verstanden und angewendet werden.

➲ **Zielgerichtetheit:**   Es wird nur das geübt, was die Kinder (Schüler) noch lernen müssen, es gibt keine ausführlichen Diktate.

➲ **Wenig Zeitaufwand:**   Nur 15 Minuten pro Tag üben (mind. 3 x in der Woche)

➲ **Erfolgserlebnisse:**   Wenn das jeweilige Wort 3 x richtig geschrieben wurde, kommt es in die „Könner-Abteilung".

➲ **Konfliktvermeidung:**   Zwischen Lehrer, Mutter / Vater und Kind entstehen keine Streitereien und Diskussionen, weil die Bedingungen für beide Seiten klar und akzeptiert sind.

➲ **Regeln lernen:**   Rechtschreibregeln sind im Übungsband einfach erklärt und werden anschließend sofort angewendet.

➲ **Auswendig lernen:**   Viele Wörter müssen einfach auswendig gelernt werden! Diese sind im Buch zusammengestellt, z. B. Wörter mit -ee- oder -chs, usw..

➲ **Keine Reizüberflutung:**   Überschaubare Übungen, keine inhaltliche Überfrachtung, keine Bilderflut

Das Übungsprogramm besteht aus zwei Teilen:

➲ **dem Übungsband** und der
➲ **individuellen Wortkartei**.

Die Voraussetzung für das richtige Schreiben ist die Kenntnis der Buchstaben und das lautgetreue Schreiben. Rechtschreib-schwache Kinder lassen häufig Buchstaben aus, fügen irgendwelche hinzu, wo keine hingehören usw..
Deshalb ist das Üben von einfachen Wörtern, die keine Rechtschreibschwierigkeiten oder -besonderheiten enthalten, oftmals die Basis für alle weiteren Übungen (lautgetreues Schreiben).

RICHTIG SCHREIBEN
Das Rechtschreibprogramm für die Schule und zum häuslichen Üben   –   Bestell-Nr. 11 187

3 Lautgetreue Wörter

Hier sind Beispiele für lautgetreue Wörter gesammelt, die als „Aufwärmübung" diktiert werden können. Die Groß- und Kleinschreibung sollte in diesem Fall angesagt werden.

1.) **Einsilbige Wörter**

➲ Nomen: Ei, Maus, Tisch, Glas, Brei, Buch, Gras, Brot, Turm, Zaun, Mund, Tor, Tür, Tuch, Bach, Licht, Blut, Haus
(Großschreibung vorsagen)

➲ Adjektive: gut, warm, hoch, grün, gelb, rot, blau, grau, frei, kalt, arm, reich, breit, eng, neu, bunt, alt
(Kleinschreibung vorsagen)

2.) **Zweisilbige Wörter**

➲ Nomen: Feder, Besen, Hose, Nadel, Schere, Rose, Schaufel, Leiter, Lupe, Kamel, Wolken, Ferkel, Raupe, Gabel, Schule, Zeiger, Auto, Flasche, Tasche, Fenster, Freiheit, Palme, Kasten, Hunde, Insel
(Großschreibung vorsagen)

➲ Adjektive: müde, sauber, langsam, mutig, böse, fertig, wenig
(Kleinschreibung vorsagen)

➲ Verben: gehen, schreiben, reden, üben, sehen, leiden, lutschen, wandern, kaufen, rufen, schreien, lernen, sagen, kauen, lesen, malen, mischen, trösten, tanzen, kochen
(Kleinschreibung vorsagen)

3.) **Drei- und mehrsilbige Wörter**
(Keine Angst vor langen Wörtern! Silbe für Silbe schreiben.)

➲ Nomen: Ba-na-ne, Scho-ko-la-de, Ko-kos-pal-me, To-ma-te, Mar-me-la-de, Pa-na-ma, Es-ki-mo, Pa-pa-gei, E-le-fant, Te-le-fon-hö-rer, Zi-tro-nen-eis, A-mei-sen-bau, Pfer-de-pfle-ger
(Großschreibung vorsagen)

➲ Adjektive: wun-der-bar, zi-tro-nen-gelb, wol-ken-los, fa-bel-haft, ei-för-mig, son-der-bar, hei-mat-los, ar-beits-los, har-mo-nisch, dau-er-haft
(Kleinschreibung vorsagen)

➲ Verben: be-ma-len, be-schrei-ben, an-rei-sen, fort-be-we-gen. an-hö-ren, ab-kle-ben, über-trei-ben, aus-gra-ben
(Kleinschreibung vorsagen)

RICHTIG SCHREIBEN
Das Rechtschreibprogramm für die Schule und zum häuslichen Üben – Bestell-Nr. 11 187
KOHL VERLAG

4 Hörübungen

Viele Kinder hören den Unterschied zwischen **Gg + Kk**, zwischen **Dd + Tt** und
Bb und **Pp** nicht!
Tauchen solche Fehler auf, sollte genau an dieser Stelle geübt werden.

Manche Laute, die härter ausgesprochenen, erzeugen mehr Wind beim Sprechen
als weiche Laute:

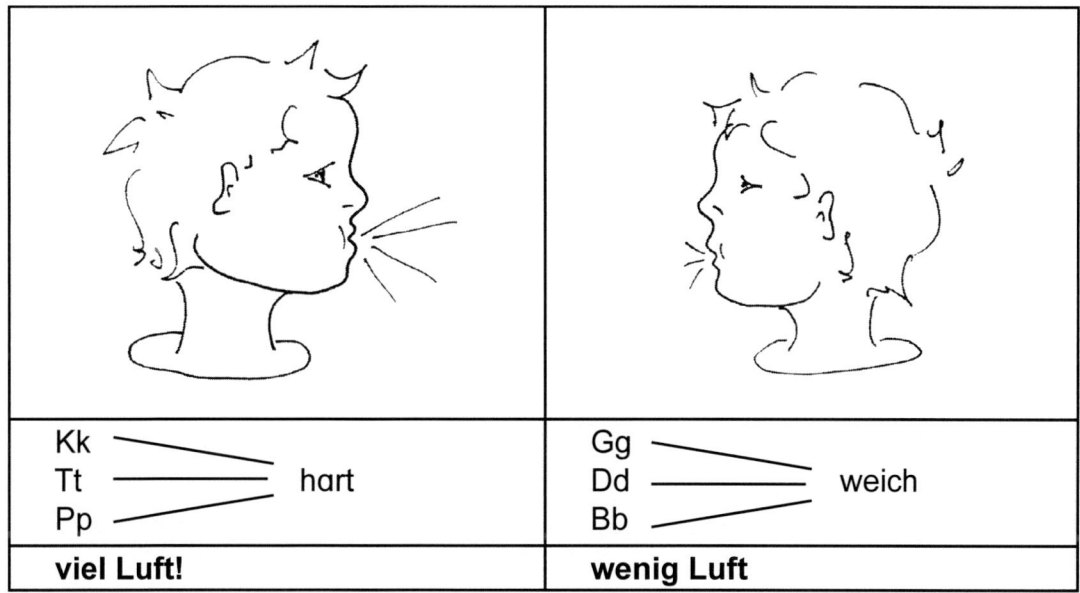

Kk	Gg
Tt ——————— hart	Dd ——————— weich
Pp	Bb
viel Luft!	**wenig Luft**

Da das Kind hören übt, muss nicht geschrieben werden. Es kann auch auf den
Buchstaben deuten, der in dem Wort enthalten ist. Man spricht z. B. ein Wort vor ...

Beispielwörter zur Unterscheidung von **Gg + Kk**			
Kakadu	Geige	Kirche	Geld
Gans	Kerze	Kabel	groß
Kuchen	Kino	Gabel	Glaube
Gut	Gras	Kasten	Kunst

... und das Kind deutet auf die (z. B. auf ein Blatt oder auf einer Karteikarte)
geschriebenen Buchstaben.

RICHTIG SCHREIBEN
Das Rechtschreibprogramm für die Schule und zum häuslichen Üben – Bestell-Nr. 11 187
KOHL VERLAG

Beispielwörter zur Unterscheidung von **Bb + Pp**		
Papagei	Pelz	Blatt
Baden	Platz	Biene
Papier	Biber	Puter
Predigt	Balz	Prinz

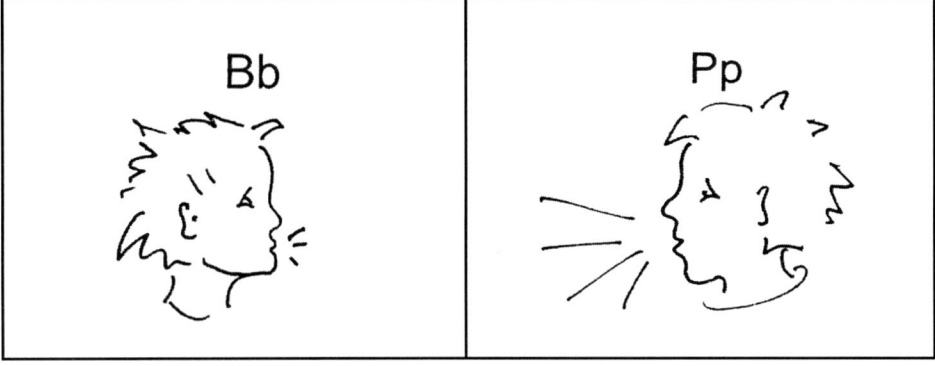

Beispielwörter zur Unterscheidung von **Dd + Tt**		
Tüte	tun	doof
Daumen	Dame	Tisch
Deckel	Tasse	dich
dick	Täter	der, die, das
Tiger	tanzen	du
Teich	trinken	toben

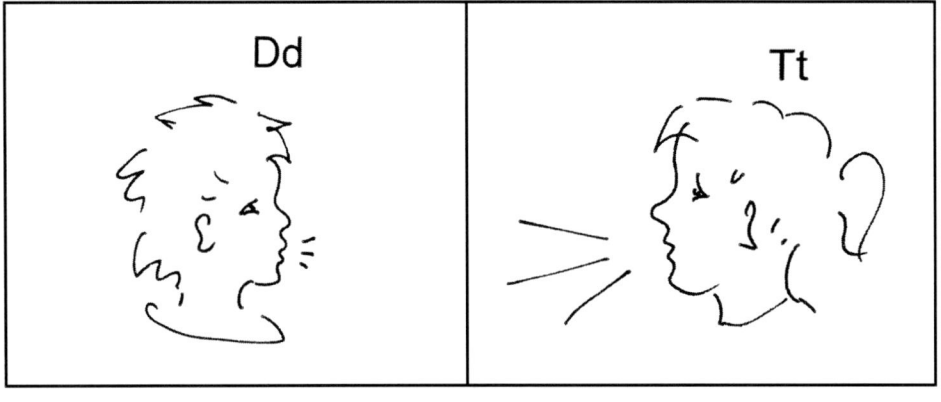

RICHTIG SCHREIBEN
Das Rechtschreibprogramm für die Schule und zum häuslichen Üben – Bestell-Nr. 11 187
KOHL VERLAG

5 d oder t

Am Ende eines Wortes kann akustisch nicht unterschieden werden, ob ein **d** oder **t** folgt. Es hört sich meistens wie ein **t** an.

Merke: Durch Verlängern des Wortes findest du die Lösung.

Bespiel: Win**d** – Win**de**

➲ **Aufgabe:** Setze **d** oder **t** ein, denke an das Verlängern des Wortes! ✏

Hun ____   Bil ____   Schil ____

Bro ____   Hu ____   Lan ____

Pfer ____   Mun ____   Star ____

Blu ____   Hem ____   Kin ____

San ____   Wel ____   Wal ____

wil ____   lau ____   hal ____

kal ____   brei ____   leben ____

har ____   mil ____   run ____

RICHTIG SCHREIBEN
Das Rechtschreibprogramm für die Schule und zum häuslichen Üben   –   Bestell-Nr. 11 187
KOHL VERLAG

6 ä und e

ä und e lassen sich beim Hören auch nicht unterscheiden.

➲ **Beispiele:** Bälle, Felle

Suche Hilfe durch Ableiten:

aus **a** wird → **ä**

Wald	–	Wälder
Tal	–	Täler
Kalb	–	Kälber
Hans	–	Hänschen
Maß	–	mäßig
Fraß	–	gefräßig

oder umgekehrt

Räder	–	kommt von	– Rad
schälen	–	kommt von	– Schale
quälen	–	kommt von	– Qual
Kästchen	–	kommt von	– Kasten
Tänzer	–	kommt von	– Tanz
Bäder	–	kommt von	– Bad

aus **a** wird → **ä**

waschen	–	sie wäscht
schlafen	–	es schläft
fahren	–	er fährt
graben	–	er gräbt
fallen	–	er fällt

RICHTIG SCHREIBEN
Das Rechtschreibprogramm für die Schule und zum häuslichen Üben – Bestell-Nr. 11 187

KOHL VERLAG

6 | ä und e

⊃ **Aufgabe:** Setze **ä** oder **e** ein. ✎

B __ sen	W __ lder	T __ ller
F __ der	M __ sser	h __ ll
F __ sser	W __ nde	m __ ßig
L __ nder	B __ nder	K __ lber
H __ rz	R __ gen	sch __ dlich
F __ lder	W __ nde	R __ nder
W __ rt	H __ rd	H __ nde
M __ nner	R __ tsel	Kal __ nder
r __ den	Schm __ rz	S __ gen
K __ ller	w __ nden	fr __ ch

er b __ llt	es h __ lt
sie f __ llt	er l __ bt
er f __ hrt	es b __ bt
er gr __ bt	sie w __ scht

RICHTIG SCHREIBEN
Das Rechtschreibprogramm für die Schule und zum häuslichen Üben – Bestell-Nr. 11 187

KOHL VERLAG

7 äu und eu

äu und eu lassen sich beim Hören auch nicht unterscheiden.

Suche Hilfe durch Ableiten:

aus **a** wird → **ä**

au	–	äu
Haus	–	Häuser
Traum	–	Träume
Raum	–	Räume
laufen	–	er läuft
saufen	–	es säuft

oder umgekehrt

Gebäude	–	kommt von	–	bauen
säuerlich	–	kommt von	–	sauer
Verkäuferin	–	kommt von	–	kaufen
säubern	–	kommt von	–	sauber
Gemäuer	–	kommt von	–	Mauer

➲ **Aufgabe:** Setze **eu** oder **äu** ein.

L ___ te	h ___ te	n ___
B ___ me	B ___ te	sch ___
H ___ ser	Sch ___ ne	Geb ___ de
L ___ se	B ___ le	s ___ erlich
vers ___ men	t ___ er	M ___ se
tr ___ men	ber ___ en	___ le

RICHTIG SCHREIBEN
Das Rechtschreibprogramm für die Schule und zum häuslichen Üben – Bestell-Nr. 11 187
KOHL VERLAG

8 | Wörter mit oo, ee und aa

⊃ **Aufgabe:** Lerne folgende Wörter auswendig.

Die häufigsten ...

⊃ Wörter mit **oo**

Boot	Zoo
Moor	doof
Moos	cool

⊃ Wörter mit **ee**

See	Kaffee	Schnee
Seele	Klee	Teer
Speer	Fee	Lorbeer
Meer	Tee	Himbeere
leer	Idee	Erdbeere
Allee	Armee	Stachelbeere

⊃ Wörter mit **aa**

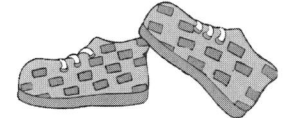

Haare	ein paar Bonbons (mehr als 2)
Saal	ein Paar Schuhe (nur 2 Stück)
Waage	Saat
Aal	Staat
Aas	Schiffsmaat

RICHTIG SCHREIBEN
Das Rechtschreibprogramm für die Schule und zum häuslichen Üben – Bestell-Nr. 11 187

KOHL VERLAG

Ü **Aufgabe:** ai oder ei lassen sich beim Hören nicht unterscheiden.
Diesmal musst du die Wörter mit – **ai** – auswendig können.
Die übrigen kannst du dann mit – **ei** – schreiben.

Die häufigsten ...

Ü Wörter mit **ai**

Mai Maiglöckchen Maitanz	ein Laib Käse
Mais Maiskolben Futtermais Maiskörner	ein Laib Brot
Kaiser kaiserlich Kai (Hafen)	eine Waise Waisenkind Waisenhaus verwaist
Hai Haifisch Hammerhai	Hain (Wäldchen) Hainbuche
Saite Saiteninstrument Gitarrensaite Saitenbespannung (beim Tennisschläger)	Taifun
Laich Froschlaich laichen Laichplatz	Rain (Feldweg) Feldrain

Ü **Besondere Eigennamen** wie: der Main, Insel Mainau,
                         Thailand, Kairo, usw.

RICHTIG SCHREIBEN
Das Rechtschreibprogramm für die Schule und zum häuslichen Üben – Bestell-Nr. 11 187
KOHL VERLAG

⮕ **Aufgabe:** Setze **ai** oder **ei** ein. ✏

ein L ___ b Brot	L ___ beskräfte
H ___ .	S ___ teninstrument
W ___ senkind	S ___ fe
h ___ ter	Schl ___ fe
br ___ t	R ___ fen
K ___ ser	W ___ senhaus
M ___	die Fische l ___ chen
der R ___ ter	T ___ ch
eine Buchs ___ te	l ___ se
der Froschl ___ ch	M ___ se
Fr ___ heit	M ___ tanz
M ___ glöckchen	fr ___
Gitarrens ___ te	L ___ ter
M ___ skolben	R ___ se
k ___ serlich	f ___ erlich
W ___ te	H ___ fisch

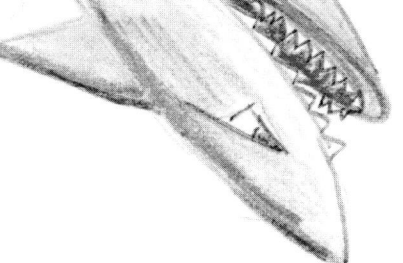

RICHTIG SCHREIBEN
Das Rechtschreibprogramm für die Schule und zum häuslichen Üben – Bestell-Nr. 11 187

KOHL VERLAG

10 v oder f

v oder f lassen sich beim Hören nicht unterscheiden.

➲ **Aufgabe:** Lerne die häufigsten V-v-Wörter auswendig.

Vogel	viel
Vater	Vokabeln
Vase	Nerven
Vetter	Vier
Verein	Vorsicht
Vulkan	voll
Violine	Pulver
Vitamine	violett
Vieh	Kurve
Video	November
Vers	Ventil
von	Volk
vielleicht	Vanille
brav	Verbesserung
Veilchen	verlieren
oval	vorlesen
nervös	Vorrat
Volt	vielmehr
voraus	Volumen
Vision	Vokale
Vene	Vampir
Venus	Vitrine
Vatikan	Volleyball
Kuvert	Veterinär

RICHTIG SCHREIBEN
Das Rechtschreibprogramm für die Schule und zum häuslichen Üben – Bestell-Nr. 11 187
KOHL VERLAG

⮕ **Aufgabe:** Setze **v**, **V** oder **f**, **F** richtig ein. 🖉

__ ater	__ reund
__ loh	O __ en
__ eder	o __ al
__ ase	__ erein
Kur __ e	__ luss
Har __ e	tausend __ olt
__ ogel	__ rüh
__ isch	__ ulkan
__ allen	__ ioline
__ iel Geld	__ iolett
er __ iel hin	__ eilchen
__ ielleicht	Lied __ ers
__ ideo	__ rech
No __ ember	__ ieh
__ okabeln	__ erehrer
nai __	Ge __ ieder

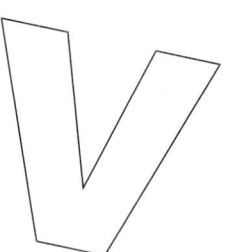

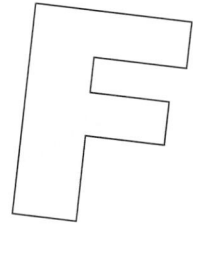

RICHTIG SCHREIBEN
Das Rechtschreibprogramm für die Schule und zum häuslichen Üben – Bestell-Nr. 11 187

KOHL VERLAG

11 Wörter mit chs, cks, ks, cs, gs und x

➲ **Aufgabe:** Lerne diese Wörter auswendig.

➲ Wörter mit **chs**

Fuchs	Achse
Luchs	Büchse
Lachs	wechseln
Dachs	Wachs
Ochse	wachsen
Eidechse	Erwachsene
Echsen	sechs

➲ Wörter mit **x**

Hexe	Textilien	exotisch
Nixe	Examen	Experiment
Taxi	fix und fertig	extra
Lexikon	Fax	extrem
Mixer	Fixstern	Expedition
Axt	fixieren	Xylophone
Text	exakt	Haxe
maximal	Plexiglas	Luxus

Besonderheiten, die ähnlich klingen:

➲ Wörter mit **cks**

Knacks	Häcksler	Knicks

➲ Wörter mit **ks**

Keks	Koks	pieksen	links

Beachte bei **cks** und **ks** auch die Doppelungsregel.

➲ Wörter mit **gs**

unterwegs	tagsüber	flugs

➲ Wort mit **cs**

Tics

RICHTIG SCHREIBEN Das Rechtschreibprogramm für die Schule und zum häuslichen Üben – Bestell-Nr. 11 187

KOHL VERLAG

11 Wörter mit chs, cks, ks, cs, gs und x

Aufgabe: Setze **chs** oder **x** richtig ein. ✎

Fu _____	e _____ otisch
He _____ e	La _____
we _____ eln	O _____ e
Wa _____ tum	e _____ trem
Da _____	Te _____ tilien
erwa _____ en	auswe _____ eln
fi _____ und fertig	Fi _____ stern
Erwa _____ ene	Kerzenwa _____
Da _____ bau	He _____ enhaus
Wa _____	O _____ enkarren
Te _____ t	Te _____ tstelle
Eide _____ e	ma _____ imal
Mi _____ er	E _____ amen
la _____ farben	se _____ . (6)
Bü _____ e	Fa _____
Ni _____ e	Ta _____ i

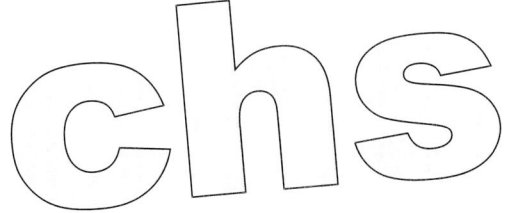

RICHTIG SCHREIBEN Das Rechtschreibprogramm für die Schule und zum häuslichen Üben – Bestell-Nr. 11 187

KOHL VERLAG

Wörter mit ch und th

⇨ **Aufgabe:** Lerne diese besonderen Wörter auswendig.

⇨ Wörter mit **ch,** die wie **k** ausgesprochen werden.

Christ	Charakter	Cholesterin
christlich	charakterlich	Chronik
Christus	Chlor	chronisch
Chaos	gechlort	Choral
chaotisch	Chrom	Kirchenchor
Chor	verchromt	Chamäleon

⇨ Wörter mit **Th** und **th**

Theater	Kasperltheater	Theke
Katholik	katholisch	Bibliothek
Theologe	theologisch	Bibliothekar
Thema	thematisch	These
Apotheke	Thermoskanne	Thunfisch
Mathematik	mathematisch	Thunfischsalat
Athlet	athletisch	Therme
Therapie	therapeutisch	Thermalbad
Thron	Thronfolger	Thermometer

RICHTIG SCHREIBEN Das Rechtschreibprogramm für die Schule und zum häuslichen Üben – Bestell-Nr. 11 187

KOHL VERLAG

13 Doppelungs-Regeln

Doppelung von Mitlauten (Konsonanten)

Regel: Nach kurzem Selbstlaut (Vokal) wird gedoppelt, wenn man danach nur einen Mitlaut (Konsonanten) hört. Hört man zwei oder mehr Mitlaute (Konsonanten), wird nicht gedoppelt. **Beispiel: Ball – Wald**

Selbstlaute (SL) Vokale **a, e, i, o, u** **ä, ö, ü**	Mitlaute (ML) Konsonanten **b, c, d, f, g, h, j, k, l, m, n, p, q, r, s, t, v, w, x, y, z**

Doppellaute (DL) (Zwielaute, Diphtonge)
au, äu, eu, ie, ei, ai

---

kurzer Selbstlaut	**langer Selbstlaut**
Hütte Schall Betten offen	Hüte Schal beten Ofen

Nach **Doppellauten** (Zwielauten oder Diphthongen) **au, äu, ie, ei, eu, ai keine Doppelung!** (auch **kein ck, tz, ss**), aber → **k**, → **z** und → **ß**

Beispiele:

nach au:	Schaukel draußen Kauz	nach äu:	äußerlich Käuze
nach ie:	sprießen pieken Mieze	nach eu:	scheußlich
nach ei:	heißen heikel Heizung		

RICHTIG SCHREIBEN Das Rechtschreibprogramm für die Schule und zum häuslichen Üben – Bestell-Nr. 11 187

KOHL VERLAG

⊃ **Aufgabe:** Überlege: kurzer oder langer Selbstlaut?
Setze ein.

Ka _____

Ro _____ e

Scha _____

scha _____ en

Ra _____ e

Ra _____ en

be ____ en

Be ____ en

ra _____ en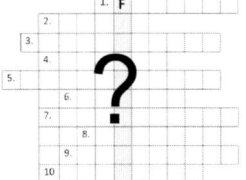

Ra _____ e

la _____ en

la _____ en

ha _____ en

Ha ____ e

RICHTIG SCHREIBEN
Das Rechtschreibprogramm für die Schule und zum häuslichen Üben – Bestell-Nr. 11 187
KOHL VERLAG

➲ **Aufgabe:** Überlege: kurzer oder langer Selbstlaut? Setze ein. 🖉

Bu _____ e

bu _____ eln

Pu _____ ing

Pu _____ del

Schi _____

schie _____

hu _____ en

Pu _____ e

mu _____ ig

Mu _____ er

Va _____ e

Wa _____ er

Wa _____ e   t oder tt ?

wa _____ en

Na _____ e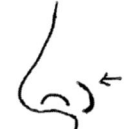

na _____ e Füße

RICHTIG SCHREIBEN
Das Rechtschreibprogramm für die Schule und zum häuslichen Üben – Bestell-Nr. 11 187
KOHL VERLAG

Übersicht Doppelungs-Regeln

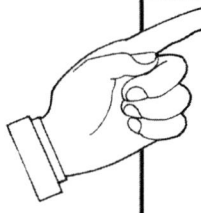

> ⮑ **Mitlaute** (ML), [Konsonanten] werden **verdoppelt**, wenn davor ein **kurzer Selbstlaut** (SL) [Vokal] steht.
>
> ⮑ Keine Doppelung nach **langem Selbstlaut** (z. B. beten)!
>
> ⮑ Keine Doppelung nach einem **Doppellaut** (DL) (z. B. leiten)!
>
> ⮑ Keine Doppelung nach **Dehnungs- h** (z. B. fühlen, Bahn)!
>
> Diese Regeln gelten auch für **k** und **ck**, für **ss** und **ß** und **z** und **tz**.

⮑ **K / ck**

Nach kurzem SL → ck	**Beispiele:** hacken, Lücke, Blick
Nach langem SL → k	**Beispiele:** Haken, Luke
Nach ML → k	**Beispiele:** welk, Bank
Nach DL → k	**Beispiele:** Schaukel, heikel

⮑ **ss / ß**

Nach kurzem SL → ss	**Beispiele:** Wasser, hassen, Kuss
Nach langem SL → ß	**Beispiele:** Straße, büßen, Soße
Nach DL → ß	**Beispiele:** draußen, heißen

⮑ **z / tz**

Nach kurzem SL → tz	**Beispiele:** Katze, Mütze, Klotz
Nach langem SL → z	**Beispiele:** duzen, Brezel
Nach ML → z	**Beispiele:** Pelz, Schwanz
Nach DL → z	**Beispiele:** Kauz, Heizung

RICHTIG SCHREIBEN   Das Rechtschreibprogramm für die Schule und zum häuslichen Üben   –   Bestell-Nr. 11 187

s oder ss oder ß ?

In der Mitte eines Wortes kann ich **s** oder **ß / ss** hören:

Besen	Kasse
lesen	Straße
Rose	Nüsse
Rasen	Küsse

Am Ende eines Wortes lässt sich das **s** oder **ß / ss** nicht hören. Deshalb muss man das Wort verlängern:

verlängert:		*verlängert:*	
Haus	– Häuser	Gruß	– Grüße
Preis	– Preise	Strauß	– Sträuße
Nuss	– Nüsse	Hals	– Hälse

RICHTIG SCHREIBEN
Das Rechtschreibprogramm für die Schule und zum häuslichen Üben – Bestell-Nr. 11 187

KOHL VERLAG

➲ **Aufgabe:** Setze ein.
Denke an die Regeln mit der Doppelung der Konsonanten! ✎

k / ck ?	
ha ___ en	ba ___ en
Lu ___ e	La ___
la ___ iert	lo ___ er
Ha ___ en	Schne ___ e
He ___ e	We ___ er
De ___ e	ho ___ en
stre ___ en	Pau ___ e
hei ___ el	pie ___ sen
Pä ___ chen	Pa ___ et
Schau ___ el	Kle ___ s
Ke ___ se	wa ___ eln
Geschma ___	len ___ en

➲ aber: Akkusativ, Akkord, Akku, akkurat, Sakko, Mokka

ss / ß ?	
fa ___ en	Stra ___ e
Hundera ___ en	Flü ___ e
Fü ___ e	kü ___ en
Ma ___ e	Längenma ___ e
bü ___ en	drau ___ en
gie ___ en	Gei ___ lein
bei ___ en	fre ___ en

RICHTIG SCHREIBEN
Das Rechtschreibprogramm für die Schule und zum häuslichen Üben – Bestell-Nr. 11 187

KOHL VERLAG

➲ **Aufgabe:** Setze ein.
Denke an die Regeln mit der Doppelung der Konsonanten!

s / ss / ß ?	
Be ___ en	Ri ___
Rei ___	la ___ en
grü ___ en	Le ___ ebuch
Grü ___ e	Ga ___ e
me ___ en	Strau ___
Bi ___ en	le ___ en
mü ___ en	Ha ___

z / tz ?	
Her ___	Ta ___ e
Wei ___ en	Schnau ___ e
Pel ___	Mü ___ e
Mär ___	verle ___ en
pe ___ en	Pla ___
pla ___ en	einri ___ en
rei ___ en	Kau ___
Hei ___ ung	schnäu ___ en

➲ aber: Pizza, Skizze, Razzia, Jazz, Blizzard (Schneesturm)

Bestell-Nr. 11 187

RICHTIG SCHREIBEN
Das Rechtschreibprogramm für die Schule und zum häuslichen Üben

KOHL VERLAG

⤶ **Aufgabe:**   Setze den / die richtigen Buchstaben ein.
Denke an die Regeln mit der Doppelung der Konsonanten!

Kinder bauen gern Bu ___ (d/dd) en und bu ___ (d/dd) eln gern im Sand.

Mutter fü ___ (l/ll)t Wa ___ (s/ss) er in die Ta ___ (s/ss) e.

Wir e ___ (s/ss) en gern Scho ___ (k/ck) oladenpu ___ (d/dd)ing.

Frau Holle macht die Be ___ (t/tt)en.

Das Schi ___ (f/ff) schau ___ (k/ck)elt auf den We ___ (l/ll)en.

Das Krü ___ (m/mm) elmonster liebt Ke ___ (k/ck)se.

Die Ro ___ (s/ss)e steht in der Va ___ (s/ss)e.

Er sprang mu ___ (t/tt)ig ins Schwi ___ (m/mm) be ___ (k/ck)en.

Ich e ___ (s/ss)e gern Apfelmu ___ (s/ss).

Wir wa ___ (t/tt)en durch das Wa ___ (s/ss)er.

Die Wol ___ (k/ck)en sehen aus wie Wa ___ (t/tt)e.

Sie la ___ (s/ss)en ein Buch.

Ich la ___ (s/ss)e die Haare schneiden.

RICHTIG SCHREIBEN Das Rechtschreibprogramm für die Schule und zum häuslichen Üben   –   Bestell-Nr. 11 187 KOHL VERLAG

➲ **Aufgabe:** Setze den / die richtigen Buchstaben ein.
Denke an die Regeln mit der Doppelung der Konsonanten!

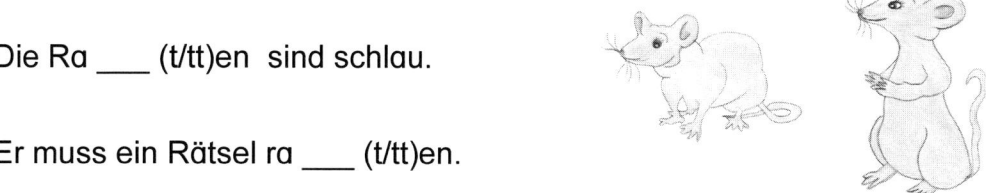

Die Ra ___ (t/tt)en sind schlau.

Er muss ein Rätsel ra ___ (t/tt)en.

Zu Ostern sind die Ha ___ (s/ss)en aus Schokolade.

Er bie ___ et (t/tt) mir Hilfe an.

Sie macht aus Seife Bla ___ en (s/ss).

Wir beobachten den bla ___ en (s/ss) Mond.

Mutter ste ___ t (l/ll) den Strau ___ (ss/ß) in die Vase.

Ich bi ___ e (t/tt) dich um Hilfe.

Wir be ___ en (t/tt) in der Kirche.

Er mu ___ (s/ss) seine Hausaufgaben machen.

Der Kunde zahlt den Kä ___ e (s/ss) an der Ka ___ e (s/ss).

In Deutschland gibt es viele Burgen und Schlö ___ er (s/ss).

Vater wird selten bö ___ e (s/ss).

Wir ha ___ en (s/ss) zu lange Übungen.

RICHTIG SCHREIBEN
Das Rechtschreibprogramm für die Schule und zum häuslichen Üben   –   Bestell-Nr. 11 187
KOHL VERLAG

Besondere Fälle von Doppelungen

➲ Wörter mit der Endung auf **-nis**

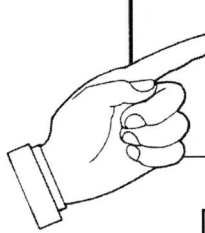

> Wörter, die mit der Nachsilbe **-nis** gebildet sind, werden in der Mehrzahl (im Plural) mit **ss** geschrieben.

Nominativ Singular (1. Fall Einzahl)	Plural (Mehrzahl)
das Bedürfnis	die Bedürfnisse
das Erlebnis	die Erlebnisse
das Gedächtnis	die Gedächtnisse
das Ärgernis	die Ärgernisse
das Zeugnis	die Zeugnisse

➲ Wörter mit der Endung auf **-in**

Singular (Einzahl)	Plural (Mehrzahl)
die Ärztin	die Ärztinnen
die Freundin	die Freundinnen
die Königin	die Königinnen
die Prinzessin	die Prinzessinnen
die Schülerin	die Schülerinnen
die Verkäuferin	die Verkäuferinnen

➲ Wörter mit der Endung auf **-is**

Singular (Einzahl)	Plural (Mehrzahl)
der Kürbis	die Kürbisse
der Iltis	die Iltisse

RICHTIG SCHREIBEN Das Rechtschreibprogramm für die Schule und zum häuslichen Üben — Bestell-Nr. 11 187

KOHL VERLAG

Besondere Fälle von Doppelungen

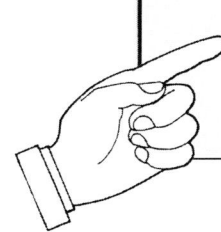

Es gibt keine Doppelung bei Wörtern, die aus Fremdsprachen eingedeutscht wurden.

➲ Wörter mit der Endung auf **-it**

der Anthrazit	der Granit	der Parasit
der Appetit	der Graphit	der Profit
der Bandit	der Jesuit	der Satellit
das Dynamit	der Kredit	der Zenit

➲ Wörter mit der Endung auf **-ik**

Antik	die Fabrik	die Kolik
die Musik	die Mathematik	das Mosaik
die Politik	die Republik	die Kritik
die Mystik	die Physik	die Nautik

Bestell-Nr. 11 187

RICHTIG SCHREIBEN
Das Rechtschreibprogramm für die Schule und zum häuslichen Üben

KOHL VERLAG

das	ist ein **Begleiter** oder **Artikel**. **Beispiel:** das Kind
das	ist ein **Bindewort** oder eine **Konjunktion**, es verbindet Sätze. **Beispiel:** Ein Kind, das fleißig übt, hat gute Noten. (*das* kann durch welcher, welche, welches ersetzt werden – hier: Ein Kind, welches fleißig …)
das	ist auch ein **hinweisendes Fürwort** (Demonstrativpronomen) **Beispiel:** Er weiß das. (Hier kann *das* durch dies ersetzt werden: Er weiß dies.)
dass	ist ein Bindewort, eine Konjunktion und **kann durch nichts ersetzt** werden. **Beispiel:** Ich weiß, dass ich es kann.

1. **Das** Mädchen sucht **das** Buch
   ↓   ↓
   Begleiter   Begleiter
   Artikel   Artikel

2. **Das** hast du mit Absicht getan!
   ↓
   (dies) = hinweisendes Fürwort (Demonstrativpronomen)

3. Das Auto, **das** Vater gekauft hat, war ganz neu.
   Das Auto, **welches** Vater gekauft hat, war ganz neu.
   ↓
   das / welches = Bindewort, Konjunktion

4. Du machst **das** aber sofort!
   ↓
   (dies)

5. Die Mutter möchte, **dass** ich zu Bett gehe.

RICHTIG SCHREIBEN
Das Rechtschreibprogramm für die Schule und zum häuslichen Üben – Bestell-Nr. 11 187
KOHL VERLAG

14 **das oder dass**

⮑ **Aufgabe:** Überlege, ob **das** ersetzt werden kann oder nicht!

Setze **das** oder **dass** ein. ✏

Da ____ Kind, da ____ neu in unsere Klasse kam, wusste nicht, da ____ wir

zum Schwimmen gehen.

Ich weiß, da ____ ich nichts weiß.

Aber sie lernt da ____ ganz leicht.

Da ____ ich faul bin, weiß ich.

Da ____ ist gut, da ____ du da ____ weißt.

Da ____ weißt du ganz genau.

Da ____ Hunde keine Schokolade fressen sollen, weiß jeder.

Ich möchte, da ____ du da____ lässt!

Da ____ Auto, da ____ um die Ecke bog, kam ins Schleudern.

Da ____ war ein Erlebnis!

Er hofft, da ____ ihm jemand hilft.

RICHTIG SCHREIBEN
Das Rechtschreibprogramm für die Schule und zum häuslichen Üben – Bestell-Nr. 11 187

KOHL VERLAG

15 Gleichlautende Wörter

Viele Wörter klingen gleich. Sie werden aber verschieden geschrieben und haben verschiedene Bedeutungen.

Beispiel: **Saite / Seite**

a) Die Gitarre hat sechs **Saiten**.
b) Auf der **Seite** zwei steht das Inhaltsverzeichnis.

➲ **Aufgabe:** Bilde Sätze mit folgenden gleichlautenden Wörtern.

Schreibe in dein Heft.

1. malen – mahlen
2. fiel – viel
3. seit – seid
4. wieder – wider
5. Lieder – Lider
6. Lärche – Lerche
7. reißen – reisen
8. Meer – mehr
9. Leib – Laib
10. rein – Rhein – Rain
11. Beeren – Bären
12. heute – Häute
13. Fälle – Felle
14. Mohr – Moor
15. lehren – leeren
16. Fliesen – fließen

RICHTIG SCHREIBEN
Das Rechtschreibprogramm für die Schule und zum häuslichen Üben – Bestell-Nr. 11 187
KOHL VERLAG

viel = eine Menge

das **f** fällt hin!

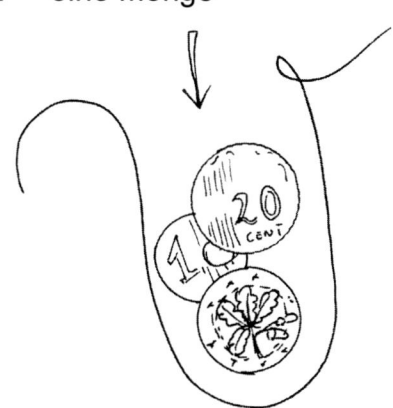

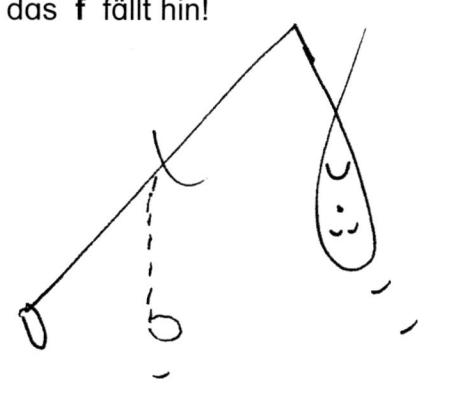

In das **v** (wie ein Beutel) passt viel hinein!

In das **f** kann man nichts hineinfüllen.

➲ **Aufgabe:** Setze **fiel** oder **viel** richtig ein. ✎

Er _____ hin.

Die Vase zer_____ in tausend Scherben.

Der Vater verdient _____ Geld.

Er bedankte sich _____mals.

Sie hat _____leicht eine Eins geschrieben.

Der Regen _____ aufs Dach.

Malnehmen heißt auch ver _____ fachen.

Das Blatt _____ ab.

Der reife Apfel _____ vom Baum.

Ein Dachziegel _____ herunter.

Wer _____ isst, ist ein _____fraß.

Er kam auf _____erlei dumme Ideen.

Der Dieb über_____ eine alte Frau.

Schmetterlinge haben _____fältige Muster auf den Flügeln.

RICHTIG SCHREIBEN
Das Rechtschreibprogramm für die Schule und zum häuslichen Üben – Bestell-Nr. 11 187

KOHL VERLAG

⮕ **Aufgabe:** Setze richtig ein.

⮕ **ent...** oder **end...**
⮕ **Ent...** oder **End...**

_____lich, _____täuschung, be_____en, _____ung,

_____decken, _____los, _____schuldigung, be_____et,

_____wickeln, Satz_____e

⮕ **wider** oder **wieder**

w___derlich, w___derholen, du bist mir zuw___der, W___derstand,

es spiegelt w___der, immer w___der, W___dersacher

⮕ **fiel** oder **viel**

er _____ hin, _____ Geld, _____mals, das Haus zer_____

ver_____fachen, als sie hin_____ , _____leicht, _____mehr

⮕ **seid** oder **seit**

_____ 5 Uhr, _____ lieb! wenn ihr da _____ ,

_____her ist sie krank, _____wärts

RICHTIG SCHREIBEN
Das Rechtschreibprogramm für die Schule und zum häuslichen Üben – Bestell-Nr. 11 187
KOHL VERLAG

In unserer Rechtschreibung gibt es zwei Arten von **h**. Das **silbentrennende h** dient dazu, zwei Vokale (Selbstlaute) voneinander zu trennen: z. B. stehen. Gäbe es dieses h nicht, wären manche Wörter schwer zu lesen: steen …
Das **Dehnungs- h** dient dazu, lange Vokale (Selbstlaute) auffällig zu machen: z. B. stehlen. Gäbe es dieses **h** nicht, könnten wir manchmal lange und kurze Vokale nicht unterscheiden: ihn – in.

Merkhilfen:

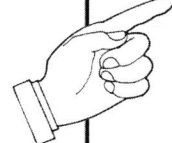

➲ Nach Langvokal wie **e**, **o**, **a** steht manches Mal ein Dehnungs- h. Doch schreibe es nicht gar zu schnell, es steht nur vor **m, n, r, l** ! Bei fühlen, fahren, nehmen, sehr, bei zählen, stöhnen und noch mehr.

➲ Steht vor dem Langvokal ein **t**, ein **qu** ein **kr**, ein **kl, sp**, ein **sch**, das merk dir ja, steht nie und nimmer Dehnungs- **h**. Bei Qual nicht und bei Spule nicht, bei Kram, bei klar und Schule nicht.

Wörter **mit h:**
erzählen, zähmen, gähnen, führen, wählen, umrühren, nachahmen, fehlen, nehmen, sich wehren, ermahnen, dröhnen

Wörter **ohne h:**
schön, schon, sparsam, klar, quer, schmal, schwer, schwül, torlos, bequem, betont, gequält, gespürt

➲ **Aufgabe:** Überlege und setze ein **h** ein oder nicht.

Ba __ n	Ha __ n
Spu __ e	Trä __ ne
Fa __ ne	Ja __ r
Fö __ n	Schwa __ n
Me __ l	Schu __ le
Kra __ n	Sa __ ne
So __ n	Kro __ ne
Stu __ l	Qua __ l
Scha __ le	Kra __ gen
Za __ l	der Wa __ l

RICHTIG SCHREIBEN
Das Rechtschreibprogramm für die Schule und zum häuslichen Üben – Bestell-Nr. 11 187

KOHL VERLAG

17 Das – s – verbindet zwei Wörter

Geburt **+** Tag

Geburt - **s** - tag

Geburt**s**tag

➲ **Weitere Wörter mit Verbindungs -s**

Advent + Kranz	=	Advent**s**kranz
Weihnacht + Baum	=	Weihnacht**s**baum
Frieden + Taube	=	Frieden**s**taube
Volk + Tanz	=	Volk**s**tanz
Gewissen + Frage	=	Gewissen**s**frage
Verkehr + Stau	=	Verkehr**s**stau
Museum + Stück	=	Museum**s**stück
Monat + Kalender	=	Monat**s**kalender
Wissen + Durst	=	Wissen**s**durst
Reden + Art	=	Reden**s**art
Geburt + Tag + Geschenk	=	Geburtstag**s**geschenk

RICHTIG SCHREIBEN
Das Rechtschreibprogramm für die Schule und zum häuslichen Üben – Bestell-Nr. 11 187
KOHL VERLAG

18   Wörter mit einfachem -i, mit -id, -ide, -age, -ine und -il

➲ **Aufgabe:**   Lerne diese besonderen Wörter auswendig.

➲ Wörter mit **einfachem i** (aus Fremdsprachen eingedeutscht)

der Anis	das Kino	die Satire
die Bibel	das Klima	das Silo
der Biber	die Krise	der Sirup
die Brise	das Lid	der Ski
die Devise	die Miliz	der Stil
die Elite	die Mimik	erwidern
die Mine (Bleistift)	der Tarif	die Fibel
die Notiz	der Tiger	das Hospiz
präzise	die Visite	der Igel
die Primel	die Justiz	die Prise
das Kaliber	wider (gegen)	Stil

➲ Wörter mit **-id** und **-ide** (aus Fremdsprachen eingedeutscht)

der Invalide	die Pyramide	stupid, stupide
solide	Tenside	perfide

➲ Wörter auf **-age**

die Bandage	die Blamage	die Garage
die Reportage	die Massage	die Montage
die Spionage	die Passage	die Etage

RICHTIG SCHREIBEN
Das Rechtschreibprogramm für die Schule und zum häuslichen Üben – Bestell-Nr. 11 187
KOHL VERLAG

18 Wörter mit einfachem -i, mit -id, -ide, -age, -ine und -il

⊃ **Aufgabe:** Lerne diese besonderen Wörter auswendig.

⊃ Wörter mit der Endung auf **-ine**

die Maschine	die Kabine	die Apfelsine
die Rosine	die Clementine	die Gardine
die Cousine	die Nektarine	die Marine
die Margarine	die Limousine	die Violine
die Mandoline	die Praline	die Vitrine
Sardine	Ruine	Lawine
Vaseline	Saline	Kantine

⊃ Wörter mit der Endung auf **-il**

das Automobil	das Exil	das Konzil
das Krokodil	das Profil	das Reptil
labil	mobil	stabil
das Ventil	senil	agil
steril	Utensil	zivil

RICHTIG SCHREIBEN Das Rechtschreibprogramm für die Schule und zum häuslichen Üben – Bestell-Nr. 11 187
KOHL VERLAG

Die Groß- oder Kleinschreibung richtet sich nach der Wortart:

Satzanfänge und **Nomen** werden **groß** geschrieben!

| NOMEN* = NAMEN |

(*oder Substantive, Namenwörter, Hauptwörter)

➲ Sie können einen Begleiter (Artikel) haben:

der Baum	ein Baum
das Kind	ein Kind
die Wolke	eine Wolke
↓	↓
bestimmter	unbestimmter
Begleiter (Artikel)	Begleiter (Artikel)

➲ Nomen können meistens in die Mehrzahl (Plural) gesetzt werden:

der Baum	die Bäume
das Kind	die Kinder
die Wolke	die Wolken

➲ Nomen kommen im Satz häufig ohne Artikel vor:

Beispiel: Mama liebt **Blumen**.
Papa spielt **Fußball**.

➲ Oder vor dem Nomen stehen Adjektive:

Beispiel: Lisa mag keine **reifen Bananen**.
Es weht ein **kalter Wind**.

RICHTIG SCHREIBEN
Das Rechtschreibprogramm für die Schule und zum häuslichen Üben – Bestell-Nr. 11 187

KOHL VERLAG

Schüler lernen häufig, dass Wörter für alles was man anfassen kann, Nomen seien. Das stimmt. Aber es gibt viele Nomen, die nicht gegenständlich oder lebendig sind.

Zum Beispiel:
der Engel, das Gas, der Himmel, die Jugend, alle Gefühle wie Liebe, Hass, Eifersucht usw.

Vorgänge wie die Entwicklung, der Aufbau, die Politik, der Verkehr usw., Zustände wie Winter, Sommer usw., Gesundheit, Freiheit, ...

➲ Also: **Alles was einen Namen hat, was so heißt = ein NOMEN.**

➲ **Aufgabe:** Setze den richtigen Groß- oder Kleinbuchstaben ein.

1. Mein ___und (h/H) ist ___ieb (l/L).

2. Am ___immel (h/H) ___andern (w/W) viele ___olken (w/W).

3. In den ___erien (f/F) ___ahren (f/F) wir an die ___ordsee (n/N).

4. Er glaubt an das ___ute (G/g) im Menschen.

5. Wir wünschen dir alles ___ute (G/g).

6. Sie kauft die ___ute (G/g) Butter.

7. Beim ___chwimmen (S/s) friere ich.

8. Er fährt zum ___chwimmen (S/s).

9. Die Kinder ___chwimmen (S/s) gern.

10. Der ___chiefe Turm von Pisa heißt so, weil er ___chief (S/s) ist.

11. Ein ___itronengelber (Z/z) Schmetterling.

12. Das ___aushohe (H/h) Gerüst.

13. Wir trinken gerne ___ickmilch (D/d).

14. Das ___ochhaus (H/h) hat einen Fahrstuhl.

15. Ich wünsche ___uch (E/e) alles ___ute (G/g) beim ___echtschreiben (R/r)!

RICHTIG SCHREIBEN
Das Rechtschreibprogramm für die Schule und zum häuslichen Üben – Bestell-Nr. 11 187
KOHL VERLAG

Die Endungen bei Wörtern signalisieren die Wortart.

Typische Endungen bei Nomen:

> -chen, -heit, -keit, -lein, -ling,
> -nis, -sal, sel, -schaft, -tum, -ung

➲ Aufgabe: Trage in die Spalten passende Wörter ein.

-ung	-heit	-keit
Zeitung	Freiheit	Übelkeit
Übung	Frechheit	
Rettung	Krankheit	

-schaft	-nis	-ling
Mannschaft	Zeugnis	Schmetterling
Freundschaft	Wagnis	Feigling

-lein	-chen	-sal
Männlein	Blümchen	Schicksal
Entlein		

RICHTIG SCHREIBEN Das Rechtschreibprogramm für die Schule und zum häuslichen Üben — Bestell-Nr. 11 187

Großschreibung bei Namen und Titeln

Beispiele:

Der **schiefe** Baum fällt gleich um.

aber: der **Schiefe** Turm von Pisa.
          = **Name** für ein berühmtes Bauwerk

ebenso:

➲ **Gebäude, Plätze:**   das Weiße Haus
                           der Rote Platz
                           die Chinesische Mauer

➲ **Sternbilder:**   der Kleine Bär
                       der Große Bär
                       der Kleine Wagen
                       der Große Wagen

➲ **Meere und Seen:**   das Rote Meer
                          das Schwarze Meer
                          das Tote Meer
                          der Atlantische Ozean
                          der Pazifische Ozean

➲ **Straßen:**   die Breite Straße
                   die Lange Straße

➲ **Institutionen:**   die Allgemeine Ortskrankenkasse (AOK)
                         das Deutsche Rote Kreuz (DRK)
                         der Allgemeine Deutsche Automobilclub
                         (ADAC)

RICHTIG SCHREIBEN
Das Rechtschreibprogramm für die Schule und zum häuslichen Üben – Bestell-Nr. 11 187
KOHL VERLAG

Verben   =   Tuwörter / Zeitwörter / Tätigkeitswörter

Sie geben an, was man tut und werden klein geschrieben,
Beispiele: spielen, lernen, essen, …

Verben stehen in Verbindung mit Personen oder Dingen,
Beispiele: Max spielt, wir lernen, der Sturm tobt,
           das Feuer brennt.

Verben können in verschiedenen Zeiten vorkommen,
Beispiele: Max spielte, wir werden lernen,
           das Feuer hat gebrannt.

Beim Infinitiv, der Grundform des Verbs, brauchen wir keine
Personen und keine Zeiten,
Beispiele: toben, spielen, brennen …

Adjektive =   Wiewörter / Eigenschaftswörter

Sie beschreiben, wie etwas ist.

Die Adjektive stehen bei Nomen und beschreiben diese näher.

Adjektive werden klein geschrieben.

Beispiele: der **dicke** Hund
               die **liebe** Katze
               das **schnelle** Auto

Adjektive können meistens gesteigert werden *(siehe Seite 48)*.

Die **Anrede in Briefen** wird **groß** geschrieben.

Es heißt: ‚**Sie**‘ und ‚**Ihnen**‘

Die Anrede **du/Du** und **dich/Dich** kann nach der neuen Recht-
schreibregelung sowohl **groß** als auch **klein** geschrieben werden.

RICHTIG SCHREIBEN Das Rechtschreibprogramm für die Schule und zum häuslichen Üben   –   Bestell-Nr. 11 187

Die Steigerung des Adjektivs

Grundstufe (Positiv)	Vergleichsstufe (Komparativ)	Höchststufe (Superlativ)
dick	dicker	am dicksten
lieb	lieber	am liebsten
schnell	schneller	am schnellsten

Adjektive, die nicht gesteigert werden können, nennt man **„Absolute Adjektive".**

Beispiele:	tot, lebendig, schwanger, dreieckig, viereckig, schriftlich, unvergleichbar, stumm, kinderlos, absolut, maximal, minimal, total, voll, extrem, einzig …

Typische Endungen bei Adjektiven

-ig,   -lich,   -isch,   -haft,   -los,   -förmig,   -sam,   -bar

➲ **Aufgabe:**   Trage in die Spalten passende Wörter ein.

-ig	-lich	-isch	-haft
lustig	fröhlich	kindisch	fabelhaft

RICHTIG SCHREIBEN
Das Rechtschreibprogramm für die Schule und zum häuslichen Üben – Bestell-Nr. 11 187
KOHL VERLAG

➲ **Aufgabe:** Trage in die Spalten passende Wörter ein. ✏

-sam	-bar	-los	-förmig
wachsam	wunderbar	arbeitslos	kreisförmig

Aus Adjektiven können Nomen/Namen werden

Beispiele:	➲ wenn jemand krank ist, heißt er:	‚der Kranke'
	➲ reiche Leute heißen:	‚die Reichen'

➲ **Aufgabe:** Finde Adjektive und Nomen. ✏

Adjektive	Nomen
lustig	der Lustige
witzig	der
spaßig	der
	der

Adjektive	Nomen

RICHTIG SCHREIBEN
Das Rechtschreibprogramm für die Schule und zum häuslichen Üben   –   Bestell-Nr. 11 187

KOHL VERLAG

Nach unbestimmten Zahlwörtern wie

alles, etwas, allerlei, nichts, viel, wenig, genug, mehr

folgt ein **Nomen**, das von einem **Adjektiv** hergeleitet wurde.

Beispiele:

- ➲ Ich wünsche dir **alles Gute**.

- ➲ Ich muss dir **etwas Wichtiges** mitteilen.

- ➲ Ich habe mir **allerlei Nützliches** gekauft.

- ➲ Ich will ihm **nichts Schlechtes** nachsagen.

- ➲ Ich habe **wenig Erfreuliches** erlebt.

- ➲ Er weiß **nichts Neues**.

- ➲ Mein Nachbar hat mir **etwas Falsches** gesagt.

- ➲ Ich dachte an **nichts Böses**.

- ➲ Für **alles Richtige** erhältst du Punkte.

- ➲ Bei der schwachen Beleuchtung kann ich **nichts Genaues** erkennen.

- ➲ Ich habe **genug Dummes** gehört.

- ➲ Peter möchte **mehr Schönes** erleben.

- ➲ Sie hat **wenig Hilfreiches** beigetragen.

- ➲ Wir haben nicht **viel Neues** erfahren.

- ➲ Sie war **etwas Besonderes**.

RICHTIG SCHREIBEN Das Rechtschreibprogramm für die Schule und zum häuslichen Üben – Bestell-Nr. 11 187

KOHL VERLAG

21 Aus Verben werden Nomen

Aus **Verben** können **Nomen** werden.

> **Beispiele:**
>
> Kinder **essen** gerne Eis.   (Verb)
> Das **Essen** war kalt.   (Nomen)
> Wir **reiten** durch den Wald.   (Verb)
> Das **Reiten** will gelernt sein.   (Nomen)
>
> Das **Schreiben** macht mir keinen Spaß.
> Am meisten Spaß macht mir das **Turnen**.
> Das **Aufstehen** heute Morgen fiel mir schwer.
> Das **Rad fahren** habe ich schnell erlernt.
> Das **Graben** im Garten macht Vater Spaß.

Wörter wie:

> **im, am, beim, vom, ins, aus, zum ...**

signalisieren, dass ein **Nomen** folgt.

> **Beispiele:**
>
> Ich gehe **zum Essen**.
> Er hat sich **beim Spielen** verletzt.
> Sie geht **zum Turnen**.
> Er ist **am Arbeiten**.
> Das Auto gerät **ins Schleudern**.
> Das ist **zum Naschen**.
> Sie ist **beim Lesen** eingeschlafen.
> Sie geht **zum Tanzen**.
> **Beim Schreiben** passe ich auf.

RICHTIG SCHREIBEN
Das Rechtschreibprogramm für die Schule und zum häuslichen Üben   –   Bestell-Nr. 11 187

22 Zusammengesetzte Wörter

Bei zusammengesetzten Wörtern hängt die Groß- oder Kleinschreibung vom Grundwort ab:

H u n d e k u c h e n

Beispiele:

Marmor	
Nuss	kuchen
Sand	
↓	↓
Bestimmungswort	Grundwort

hoch	+ Haus	=	Hochhaus
Haus	+ hoch	=	haushoch

Merke:
Das Grundwort steht immer rechts und bestimmt die Groß- und Kleinschreibung!

Zusammengesetzte Wörter

Zitrone + gelb	=	zitronengelb
rot + Kraut	=	Rotkraut
Zucker + süß	=	zuckersüß
dick + Milch	=	Dickmilch
Abgrund + tief	=	abgrundtief
Kreide + bleich	=	kreidebleich
Eis + kalt	=	eiskalt
frech + Dachs	=	Frechdachs
Bär + stark	=	bärenstark

RICHTIG SCHREIBEN
Das Rechtschreibprogramm für die Schule und zum häuslichen Üben – Bestell-Nr. 11 187
KOHL VERLAG

⊃ **Aufgabe:** Bilde zusammengesetzte Wörter.
Beachte die Groß- oder Kleinschreibung. ✐

frei + Bad = _____

schnell + Straße = _____

Blatt + grün = _____

Spiegel + glatt = _____

dumm + Kopf = _____

wild + Gänse = _____

Sommer + Ferien = _____

früh + Sport = _____

Turm + hoch = _____

Lager + Feuer = _____

RICHTIG SCHREIBEN
Das Rechtschreibprogramm für die Schule und zum häuslichen Üben – Bestell-Nr. 11 187

KOHL VERLAG

Wortstamm

Aus einem Wortstamm werden andere Wörter gebildet.
Dabei bleiben die Buchstaben des Stammwortes erhalten.

<u>Wortstamm</u> und <u>Ableitungen</u> am Beispiel des Wortes **fahren**

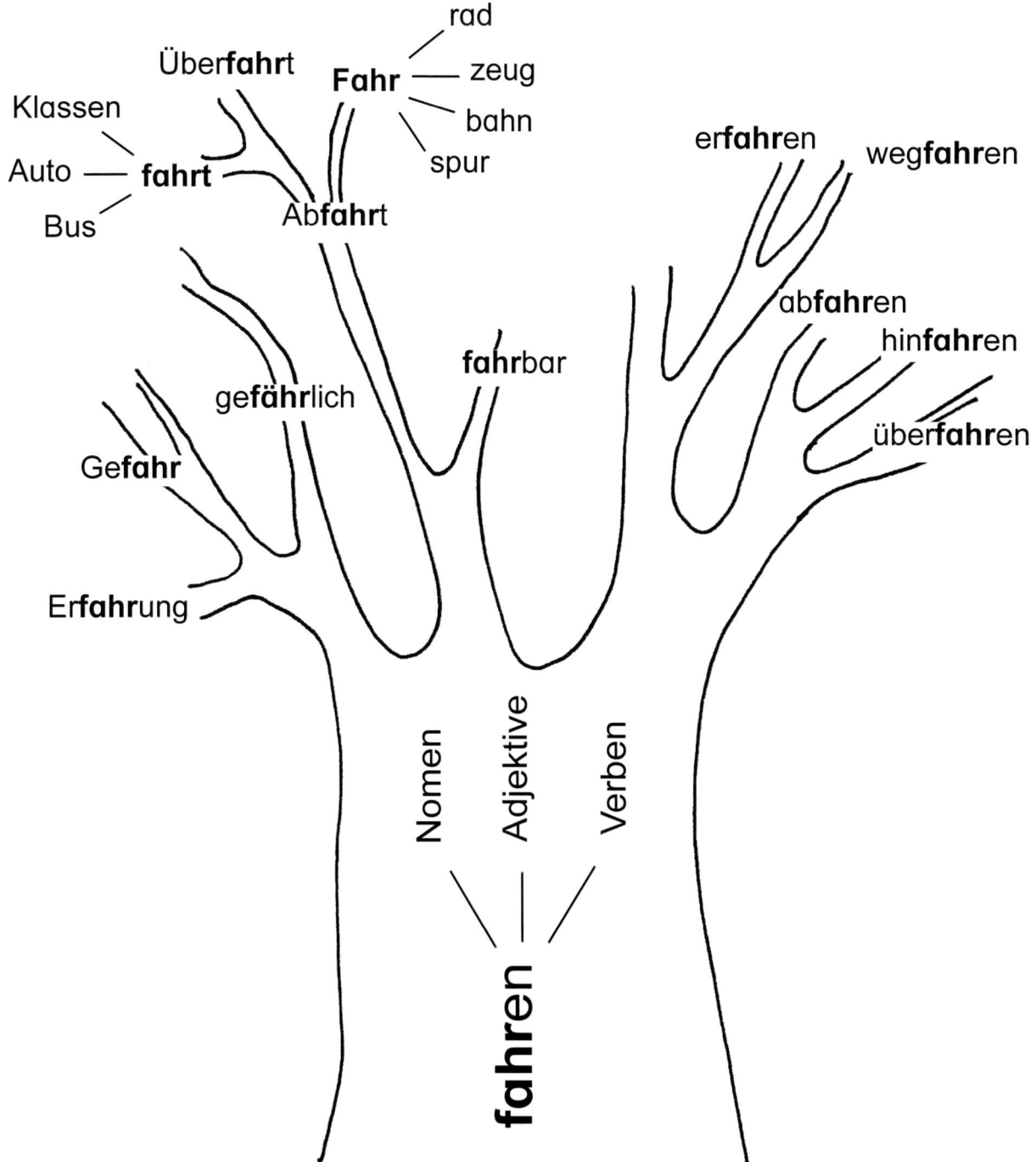

RICHTIG SCHREIBEN
Das Rechtschreibprogramm für die Schule und zum häuslichen Üben – Bestell-Nr. 11 187
KOHL VERLAG

⊃ **Aufgabe:** Suche Ableitungen zu dem Verb deiner Wahl
und trage es in das Wortstamm-Bild ein.

RICHTIG SCHREIBEN
Das Rechtschreibprogramm für die Schule und zum häuslichen Üben – Bestell-Nr. 11 187

KOHL VERLAG

Um nochmals alle wichtigen Wortarten kennen zu lernen bzw. zu vertiefen, sind sie hier nochmals aufgelistet und beschrieben:

1. Nomen	=	Namenwörter / Hauptwörter / Substantive Sie werden groß geschrieben! Sie können in die Mehrzahl (Plural) gesetzt werden und haben Begleiter (Artikel) ➲ **Beispiele:** der Hund, die Luft, das Wetter
2. Verben	=	Tuwörter / Zeitwörter / Tätigkeitswörter Sie beschreiben, was getan wird und wann es getan wird. Sie können in verschiedene Zeiten gesetzt werden und werden klein geschrieben. ➲ **Beispiele:** gehen, ging, gegangen
3. Adjektive	=	Wiewörter / Eigenschaftswörter Sie beschreiben, wie etwas ist. Die Adjektive stehen beim Nomen und beschreiben diese näher. Adjektive werden klein geschrieben. ➲ **Beispiel:** der <u>dicke</u> Käse
4. Adverb	=	Umstandswörter Das Adverb ist ein Wiewort, das ein Tuwort näher beschreibt. ➲ **Beispiel:** er läuft <u>schnell</u>
zu 3. + 4.:		Adjektive und Adverbien können gesteigert werden! ➲ **Beispiel:** schnell, schneller, am schnellsten

RICHTIG SCHREIBEN Das Rechtschreibprogramm für die Schule und zum häuslichen Üben – Bestell-Nr. 11 187

KOHL VERLAG

5. Artikel	=	Begleiter / Geschlechtswörter

bestimmter Artikel: der, die, das

unbestimmter Artikel: ein, eine, einer, eines

6. Präpositionen	=	Lagewörter

Sie geben den Ort, die Lage einer Person (Sache) an.

➲ **Beispiele:** auf, unter, in, zwischen, neben, über, an ...

7. Personalpronomen	=	persönliches Fürwort

Es steht für eine Person.

➲ **Beispiel:** David spielt Fußball.
Er spielt Fußball.

Personalpronomen sind: ich, du, er, sie, es, wir, ihr, sie

8. Possessivpronomen	=	besitzanzeigendes Fürwort

mein, dein, sein, ihr, unser, euer, ihr

9. Reflexivpronomen	=	rückbezügliches Fürwort

➲ **Beispiele:** Ich wasche <u>mich</u>.
Er wäscht <u>sich</u>.
Wir waschen <u>uns</u>.
Sie waschen <u>sich</u>.

RICHTIG SCHREIBEN
Das Rechtschreibprogramm für die Schule und zum häuslichen Üben – Bestell-Nr. 11 187
KOHL VERLAG

25 **Test: Was hast du gelernt?**

1 **Aufgabe:** Schreibe drei Wörter mit **oo**.

✏ _____

_____

_____

2 **Aufgabe:** Schreibe drei Wörter mit **ee**.

_____

_____

_____

3 **Aufgabe:** Schreibe drei Wörter mit **aa**.

_____

_____

_____

4 **Aufgabe:** Setze **ai** oder **ei** ein.

Der H_____, die Buchs_____te, die Gitarrens_____te,

der K_____ser, der M_____ster, der M_____, der L_____ch,

der R_____m, die M_____königin, der M_____skolben

RICHTIG SCHREIBEN
Das Rechtschreibprogramm für die Schule und zum häuslichen Üben – Bestell-Nr. 11 187
KOHL VERLAG

5 Aufgabe: Setze **z** oder **tz** ein.

die Ka____e, die Bre____el, der Schwan____, die Mü____e,

der Klo____, der Pel____, die Hei____ung, tro____ig,

rei____en, der Wei____en

6 Aufgabe: Setze **ss** oder **ß** ein.

ha____en, die Stra____e, der Ku____, die So____e,

drau____en, das La____o, mü____en, der Gru____,

die Schlö____er

7 Aufgabe: Setze **k** oder **ck** ein.

die Lü____e, die Ban____, die Schau____el, der Bli____,

die Lu____e, wel____, der Schmu____, der Ma____el,

die Ma____e

8 Aufgabe: Doppelung oder nicht? Denke an die Regel mit dem kurzen Vokal!

Er schlu ____ erte (m/mm) in seinem Be ____ chen(t/tt).

Pferde fre ____ en (s/ss) gerne Ha ____ er (f/ff).

Wir ho ____ en (f/ff) auf gutes We ____ er (t/tt).

Vater liebt Karto ____elpu ____ er (f/ff).

Hunde, die be ____ en (l/ll), beißen nicht.

RICHTIG SCHREIBEN
Das Rechtschreibprogramm für die Schule und zum häuslichen Üben – Bestell-Nr. 11 187
KOHL VERLAG

9 Aufgabe: Zu welchem Wortstamm (Verb) gehören diese Wörter:

Abfahrt – Fahrzeug – gefährlich

_____

Bäcker – gebacken – Backwaren

_____

10 Aufgabe: Bilde Sätze: einmal mit dem Verb und dann
mit dem abgeleiteten Nomen.

z. B. reiten: Wir reiten durch den Wald.
              Das Reiten will gelernt sein.

schwimmen: _____

_____

laufen: _____

_____

essen: _____

_____

11 Aufgabe: Schreibe die Wörter richtig zusammen.

Biene + Honig   =   _____

Haus + Tür   =   _____

Abgrund + tief =   _____

hoch + Haus   =   _____

Kreide + bleich =   _____

RICHTIG SCHREIBEN
Das Rechtschreibprogramm für die Schule und zum häuslichen Üben – Bestell-Nr. 11 187
KOHL VERLAG

(12) Aufgabe: Setze **eu** oder **äu** ein.

die L____te, die H____ser, die M____se, s____erlich,

t____er, die B____le, die B____me, die Sch____ne,

die Tr____me, die B____te, ber____en

(13) Aufgabe: Setze **ch, x, cks, ks, gs** oder **cs** ein.

der Fu____s, die He ____ e, der Kni____, der Erwa____sene,

lin____, ta____über, die Ti____, sonnta____, die Ke____e,

das Wa____stum

(14) Aufgabe: Setze **v, V** oder **f, F** ein.

der ___ater, die Har___e, o ___ al, der O___en,

der ___reund, ___rüh, der ___loh, ___iel Geld, er ___iel hin,

___erlieren, die ___or___ahrt

(15) Aufgabe: Schreibe die Wörter groß oder klein.

Wir (F/f) ___ahren nach (I/i) ___talien.

Das (R/r) ___eiten macht Spaß.

Der (A/a) ___lte Mann (H/h) ___ustet.

Ich (W/w) ___ünsche (D/d) ___ir alles (G/g) ___ute.

Das (W/w) ___eiße Haus steht in Amerika.

Der (W/w) ___eiße Schnee glitzert.

RICHTIG SCHREIBEN
Das Rechtschreibprogramm für die Schule und zum häuslichen Üben – Bestell-Nr. 11 187
KOHL VERLAG

Die Regelkarten können ausgeschnitten und in die Lernkartei einsortiert werden.

Wörter mit au – äu

Haus	–	Häuser
Baum	–	Bäume
Traum	–	Träume
Kauz	–	Käuze
Bauer	–	bäuerlich
sauer	–	säuerlich
Raum	–	Räume
Maus	–	Mäuse

Wörter mit a – ä

Wald	–	Wälder
Tal	–	Täler
Hans	–	Hänschen
Kalb	–	Kälbchen
Maß	–	mäßig
Fraß	–	gefräßig

Wörter mit chs

Luchs	Erwachsene
Dachs	Deichsel
Fuchs	Echse
Lachs	sechs
Büchse	Wachs
Buchsbaum	Achse
wachsen	Wichse
wechseln	

RICHTIG SCHREIBEN – Das Rechtschreibprogramm für die Schule und zum häuslichen Üben – Bestell-Nr. 11 187

KOHL VERLAG

Wörter mit **ch,**
die wie **k** ausgesprochen werden

Chamäleon	Christ
Chaos	Chrom
Charakter	Chronik
Chlor	Chor
Cholera	Choral
Cholesterin	

Selbstlaute (Vokale): **a, e, i, o, u**
heißen so, weil sie von alleine klingen oder lauten.

Mitlaute (Konsonanten): **b, c, d, … z**
Brauchen immer einen weiteren Laut dazu, damit man sie hört.

Doppellaute (Zwielaute), Diphthonge:
au, eu, äu, ei, ie, ai

Wörter mit **ai**

Hai	Froschlaich
ein Laib Brot	laichen
Kaiser	
Waisenkind	
Saite	
Mai	
Mais	

 RICHTIG SCHREIBEN
Das Rechtschreibprogramm für die Schule und zum häuslichen Üben – Bestell-Nr. 11 187
KOHL VERLAG

Wörter mit v, V

Vorbild	Vater	Vorsicht
Violine	Vogel	Detektiv
Vers	Vulkan	voll
Vetter	Vase	vier
November	Volt	Video
Kurve	Veilchen	Pullover
brav	Verein	Pulver
Vitamine	naiv	Vanille

Wörter mit th

Theater	Athlet
Apotheke	These
Thron	Thermosflasche
Thermometer	Theologe
Thunfisch	Äther
Thermalbad	katholisch
Theke	Bibliothek
Therapie	Thema

Wörter mit oo

Boot	Motorboot
Moor	Ruderboot
Moos	Torfmoor
Zoo	
doof	
cool	
Koog	

RICHTIG SCHREIBEN
Das Rechtschreibprogramm für die Schule und zum häuslichen Üben – Bestell-Nr. 11 187
KOHL VERLAG

Wörter mit **ee**

Allee	Idee
Armee	Schnee
Beere	Speer
leer	Heer
Seele	Lorbeer
Fee	Himbeere
Klee	Beet
Tee	See
Kaffee	Teer

Wörter mit **aa**

Aal	Wartesaal
Paar / paar	aalglatt
Saat	haarscharf
Haar	Aas
Staat	waagerecht
Waage	Waagschale
Saal	
Ehepaar	

Wörter mit **k / ck**

nach kurzem SL → ck
Beispiele: hacken, Lücke, Blick

nach langem SL → k
Beispiele: Haken, Luke

nach ML → k
Beispiele: welk, Bank

nach DL → k
Beispiele: Schaukel, heikel

RICHTIG SCHREIBEN
Das Rechtschreibprogramm für die Schule und zum häuslichen Üben – Bestell-Nr. 11 187
KOHL VERLAG

Wörter mit ss/ß

nach kurzem SL → ss
Beispiele: hassen, er hasst, Kuss

nach langem SL → ß
Beispiele: Straße, büßen, Soße

nach DL → ß
Beispiele: draußen, heißen

Wörter mit ck und tz

... sind Doppelungen!

Es gilt die Doppelungsregel:

Nach kurzem SL → ck/tz

Wörter mit k/ck

nach kurzem SL → tz
Beispiele: Katze, Mütze, Klotz

nach langem SL → z
Beispiele: duzen, Brezel

nach ML → z
Beispiele: Pelz, Schwanz

nach DL → z
Beispiele: Kauz, Heizung

RICHTIG SCHREIBEN
Das Rechtschreibprogramm für die Schule und zum häuslichen Üben – Bestell-Nr. 11 187
KOHL VERLAG

Doppelungen

Mitlaut (ML, Konsonanten) werden verdoppelt, wenn davor ein kurzer Selbstlaut (SL) steht:

Beispiele: essen, Rüssel, Betten, Sonne, Gitarre ..

keine Doppelungen nach

→ **langem Selbstlaut** (SL)
   Beispiele: beten, Rose …

→ **Doppellaut** (DL)
   Beispiele: leiten, draußen …

→ **Dehnungs- h**
   Beispiele: fühlen, dehnen, Bahn …

Nomen (Namenwörter) mit den Endungen
-ung, -heit, -keit, -sal

Versicherung	Mühsal
Zeitung	Trübsal
Verwarnung	Schicksal
Neuheit	Heiterkeit
Krankheit	Neuigkeit
Wahrheit	Übelkeit

RICHTIG SCHREIBEN
Das Rechtschreibprogramm für die Schule und zum häuslichen Üben   –   Bestell-Nr. 11 187

KOHL VERLAG

Wörter mit der Endung **-age**

Bandage

Blamage

Etage

Garage

Courage

Courtage

Adjektive (Wiewörter) mit der Endung
-ig, -lich, -isch, -haft

lustig	fabelhaft
artig	mangelhaft
farbig	dauerhaft
fertig	kindisch
freundlich	griechisch
fröhlich	harmonisch
mündlich	

Nomen (Namenwörter) mit den Endungen
-schaft, -nis, -chen, -lein

Freundschaft	Entlein
Grafschaft	Kindlein
Herrschaft	
Zeugnis	
Verhängnis	
Gefängnis	
Bäumchen	
Mäuschen	
Küsschen	

RICHTIG SCHREIBEN Das Rechtschreibprogramm für die Schule und zum häuslichen Üben – Bestell-Nr. 11 187

KOHL VERLAG

Wörter mit der Endung **-ine**

Apfelsine	Gelatine
Mandarine	Ruine
Nektarine	Maschine
Gardine	Lawine
Kabine	Praline
Rosine	Limousine
Margarine	Violine
Kusine	Mandoline

Adjektive (Wiewörter) mit der Endung
-sam, -bar, -los

heilsam	heimatlos
wundersam	arbeitslos
wachsam	mutterlos
wunderbar	
sonderbar	
unmittelbar	

RICHTIG SCHREIBEN
Das Rechtschreibprogramm für die Schule und zum häuslichen Üben – Bestell-Nr. 11 187
KOHL VERLAG

27 Die Lösungen

5 Endungen mit d oder t

Aufgabe: **Setze d oder t ein, denke an die Verlängerung des Wortes! (Seite 11)**
von links nach rechts:
Hund, Bild, Schild, Brot, Hut, Land, Pferd, Mund, Start, Blut, Hemd, Kind, Sand, Welt, Wald; wild, laut, halt, kalt, breit, lebend, hart, mild, rund

6 ä oder e

Aufgabe: **Setze ä oder e ein. (Seite 13)**
von links nach rechts:
Besen, Wälder, Teller, Felder, Messer, hell, Fässer, Wände, mäßig, Länder, Bänder, Kälber, Herz, Regen, schädlich, Felder, Wände, Ränder, Wert, Herd, Hände, Männer, Rätsel, Kalender, reden, Schmerz, Segen, Keller, wenden, frech; er bellt, es hält, sie fällt, er lebt, er fährt, es bebt, er gräbt, sie wäscht

Aufgabe: **Setze eu oder äu ein. (Seite 14)**
von links nach rechts:
Leute, heute, neu, Bäume, Beute, scheu, Häuser, Scheune, Gebäude, Läuse, Beule, säuerlich, versäumen, teuer, Mäuse, träumen, bereuen, Eule

9 ai oder ei

Aufgabe: **Setze ai oder ei ein. (Seite 17)**
von links nach rechts:
ein Laib Brot, Leibeskräfte, Hai, Saiteninstrument, Waisenkind, Seife, heiter, Schleife, breit, Reifen, Kaiser, Waisenhaus, Mai, die Fische laichen, der Reiter, Teich, eine Buchseite, leise, der Froschlaich, Meise, Freiheit, Maitanz, Maiglöckchen, frei, Gitarrensaite, Leiter, Maiskolben, Reise, kaiserlich, feierlich, Weite, Haifisch

10 v oder f

Aufgabe: **Setze v, V oder f, F richtig ein. (Seite 19)**
von links nach rechts:
Vater, Freund, Floh, Ofen, Feder, oval, Vase, Verein, Kurve, Fluss, Harfe, tausend Volt, Vogel, früh, Fisch, Vulkan, fallen, Violine, viel Geld, violett, er fiel hin, Veilchen, vielleicht, Liedvers, Video, frech, November, Vieh, Vokabeln, Verehrer, naiv, Gefieder

11 Wörter mit chs, cks, ks, cs, gs und x

Aufgabe: **Setze chs oder x richtig ein. (Seite 21)**
von links nach rechts:
Fuchs, exotisch, Hexe, Lachs, wechseln, Ochse, Wachstum, extrem, Dachs, Textilien, erwachsen, auswechseln, fix und fertig, Fixstern, Erwachsene, Kerzenwachs, Dachsbau, Hexenhaus, Wachs, Ochsenkarren, Text, Textstelle, Eidechse, maximal, Mixer, Examen, lachsfarben, sechs, Büchse, Fax, Nixe, Taxi

RICHTIG SCHREIBEN Das Rechtschreibprogramm für die Schule und zum häuslichen Üben – Bestell-Nr. 11 187
KOHL VERLAG

13 Doppelungs-Regeln

Aufgabe: **Überlege: kurzer oder langer Selbstlaut? Setze ein. (Seite 24)**
von links nach rechts:
Kamm, Rose, Schaf, schaffen, Rasse, Rasen, beten, Betten, raten, Ratte,
lassen, lasen, hassen, Hase

Aufgabe: **Überlege: kurzer oder langer Selbstlaut? Setze ein. (Seite 25)**
von links nach rechts:
Bude, buddeln, Pudding, Pudel, Schiff, schief, hupen, Puppe, mutig, Mutter, Vase,
Wasser, Watte, waten, Nase, nasse Füße

Aufgabe: **Setze ein. Denke an die Regeln mit der Doppelung der Konsonanten! (Seite 28)**
von links nach rechts:
hacken, backen, Luke, Lack, lackiert, locker, Haken, Schnecke, Hecke, Wecker,
Decke, hocken, strecken, Pauke, heikel, pieksen, Päckchen, Paket, Schaukel,
Klecks, Kekse, wackeln, Geschmack, lenken;
fassen, Straße, Hunderassen, Flüsse, Füße, küssen, Masse, Längenmaße,
büßen, draußen, gießen, Geißlein, beißen, fressen;

Aufgabe: **Setze ein. Denke an die Regeln mit der Doppelung der Konsonanten! (Seite 29)**
von links nach rechts:
Besen, Riss, Reis, lassen, grüßen, Lesebuch, Grüße, Gasse, messen, Strauß,
Bissen, lesen, müssen, Hass;
Herz, Tatze, Weizen, Schnauze, Pelz, Mütze, März, verletzen, petzen, Platz,
platzen, einritzen, reizen, Kautz, Heizung, schnäuzen

Aufgabe: **Setze den/die richtigen Buchstaben ein. (Seite 30)**
Kinder bauen gern Buden und buddeln gern im Sand.
Mutter füllt Wasser in die Tasse.
Wir essen gern Schokoladenpudding.
Frau Holle macht die Betten.
Das Schiff schaukelt auf den Wellen.
Das Krümelmonster liebt Kekse.
Die Rose steht in der Vase.
Er sprang mutig ins Schwimmbecken.
Ich esse gern Apfelmus.
Wir waten durch das Wasser.
Die Wolken sehen aus wie Watte.
Sie lasen ein Buch.
Ich lasse die Haare schneiden.

Aufgabe: **Setze den/die richtigen Buchstaben ein. (Seite 31)**
Die Ratten sind schlau.
Er muss ein Rätsel raten.
Zu Ostern sind die Hasen aus Schokolade.
Er bietet mir Hilfe an.
Sie macht aus Seife Blasen.
Wir beobachten den blassen Mond.
Mutter stellt den Strauß in die Vase.
Ich bitte dich um Hilfe
Wir beten in der Kirche.
Er muss seine Hausaufgaben machen.
Der Kunde zahlt den Käse an der Kasse.
In Deutschland gibt es viele Burgen und Schlösser.
Vater wird selten böse.
Wir hassen zu lange Übungen.

RICHTIG SCHREIBEN
Das Rechtschreibprogramm für die Schule und zum häuslichen Üben – Bestell-Nr. 11 187

KOHL VERLAG

14 das oder dass

Aufgabe: **Überlege, ob das ersetzt werden kann, oder nicht! Setze das oder dass ein. (Seite 35)**
Das Kind, das neu in unsere Klasse kam, wusste nicht, dass wir zum Schwimmen gehen.
Ich weiß, dass ich nichts weiß.
Aber sie lernt das ganz leicht.
Dass ich faul bin, weiß ich.
Das ist gut, dass du das weißt.
Das weißt du ganz genau.
Dass Hunde keine Schokolade fressen sollen, weiß jeder.
Ich möchte, dass du das lässt!
Das Auto, das um die Ecke bog, kam ins Schleudern.
Das war ein Erlebnis!
Er hofft, dass ihm jemand hilft.

15 Gleichlautende Wörter

Aufgabe: **Bilde Sätze mit folgenden gleichlautenden Wörtern. (Seite 36)**
Beispielesätze:
1. Die Kinder malen schöne Bilder. In der Mühle wurde das Mehl gemahlen.
2. Er fiel hin. Sie hatte viel zu tun.
3. Seit Monaten sage ich es dir! Seid gegrüßt, Freunde!
4. Ich habe schon wieder gewonnen. Sie handelte wider besseren Wissens.
5. Die Kinder singen schöne Lieder. Die Lider fielen ihr vom Lesen zu.
6. Die Lärche ist ein Kieferngewächs. Die Lerche steigt hoch in den Himmel.
7. Darum reißen sich die Menschen. Die Schüler reisen gern nach Berlin.
8. Das Meer ist heute besonders blau. Viel mehr kann ich nicht mehr essen.
9. Der Leib des Mannes wog schwer. Der Laib Brot kostete wenig.
10. Du verstehst rein gar nichts! Der Rhein ist ein breiter Fluss. Am Rain wachsen Blumen.
11. Die Beeren sind schon reif. Bären sind Allesfresser.
12. Heute ist ein schöner Tag. Die Häute der Tiere werden getrocknet.
13. Ich bin für alle Fälle vorbereitet. Die Felle der Nerze sind besonders weich.
14. Als Mohr wurde früher ein Farbiger bezeichnet. Im Moor drohen Gefahren.
15. Ich will dich was lehren! Den Mülleimer leeren wir später aus.
16. Die Fliesen sind ganz neu gelegt worden. Das Wasser fließt von oben nach unten.

Aufgabe: **Setze fiel oder viel richtig ein. (Seite 37)**
Er fiel hin.
Die Vase zerfiel in tausend Scherben.
Der Vater verdient viel Geld.
Er bedankte sich vielmals.
Sie hat vielleicht eine Eins geschrieben.
Der Regen fiel aufs Dach.
Malnehmen heißt auch vervielfachen.
Das Blatt fiel ab.
Der reife Apfel fiel vom Baum.
Ein Dachziegel fiel herunter.
Wer viel isst, ist ein Vielfraß.
Er kam auf vielerlei dumme Ideen.
Der Dieb überfiel eine alte Frau.
Schmetterlinge haben vielfältige Muster auf den Flügeln.

Aufgabe: **Setze richtig ein. (Seite 38)**
endlich, Enttäuschung, beenden, Endung, entdecken, endlos, Entschuldigung, beendet, entwickeln, Satzende;
widerlich, wiederholen, du bist mir zuwider, Wiederstand, es spiegelt wider, immer wieder, Widersacher;
er fiel hin, viel Geld, vielmals, das Haus zerfiel, vervielfachen, als sie hinfiel, vielleicht, vielmehr;
seit 5 Uhr, seid lieb!, wenn ihr da seid, seither ist sie krank, seitwärts

RICHTIG SCHREIBEN
Das Rechtschreibprogramm für die Schule und zum häuslichen Üben – Bestell-Nr. 11 187
KOHL VERLAG

16 Das Dehnungs- h

Aufgabe: **Überlege und setze ein h ein oder nicht. (Seite 39)**
von links nach rechts:
Bahn, Hahn, Spule, Träne, Fahne, Jahr, Fön, Schwan, Mehl, Schule, Kran, Sahne, Sohn, Krone, Stuhl, Qual, Schale, Kragen, Zahl, der Wal

19 Groß- und Kleinschreibung

Aufgabe: **Setze den richtigen Groß- oder Kleinbuchstaben ein. (Seite 44)**
1. Mein Hund ist lieb.
2. Am Himmel wandern viele Wolken.
3. In den Ferien fahren wir an die Nordsee.
4. Er glaubt an das Gute im Menschen.
5. Wir wünschen dir alles Gute.
6. Sie kauft die gute Butter.
7. Beim Schwimmen friere ich.
8. Er fährt zum Schwimmen.
9. Die Kinder schwimmen gern.
10. Der Schiefe Turm von Pisa heißt so, weil er schief ist.
11. Ein zitronengelber Schmetterling.
12. Das haushohe Gerüst.
10. Wir trinken gerne Dickmilch.
11. Das Hochhaus hat einen Fahrstuhl.
12. Ich wünsche euch alles Gute beim Rechtschreiben!

Aufgabe: **Trage in die Spalten passende Wörter ein. (Seite 45)**
z.B.: Meinung, Teilung; Faulheit, Trägheit, Feigheit; Magerkeit, Wenigkeit, Sorgsamkeit; Knechtschaft, Wanderschaft; Bewandtnis, Bedürfnis; Säugling, Teigling; Röslein, Mäuslein; Krümchen, Tierchen, Teilchen; Mühsal, Trübsal, Scheusal

20 Adjektive

Aufgabe: **Trage in die Spalten passende Wörter ein. (Seite 48/49)**
z.B.: traurig, wässrig, glasig, zornig, windig; möglich, täglich, menschlich, niedlich, tödlich; linkisch, tierisch, materialistisch, orientalisch, italienisch; tugendhaft, bildhaft, traumhaft, mannhaft, lebhaft; beugsam, tugendsam, langsam; tragbar, machbar, tragbar; antriebslos, mutlos, arbeitslos; u-förmig, eiförmig, mandelförmig

Aufgabe: **Finde Adjektive und Nomen. (Seite 49)**
der Witzige, der Spaßige, mutig – der Mutige, zornig – der Zornige, schön – die Schöne, klug – der Kluge, richtig – der Richtige, neu – der Neue

22 Zusammengesetzte Wörter

Aufgabe: **Bilde zusammengesetzte Wörter. Beachte die Groß- und Kleinschreibung. (Seite 53)**

Freibad, Schnellstraße, blattgrün, spiegelglatt, Dummkopf, Wildgänse, Sommerferien, Frühsport, turmhoch, Lagerfeuer

Aufgabe: **Suche Ableitungen zu dem Verb deiner Wahl. (Seite 55)**
z.B. leiten: Leitung, Leiter, Geleit, Leitpfosten, verleiten, begleiten, Begleiter, Verleitung, gleiten, ableiten, hinleiten, verleiten, Zuleitung, Umleitung ...

RICHTIG SCHREIBEN
Das Rechtschreibprogramm für die Schule und zum häuslichen Üben – Bestell-Nr. 11 187
KOHL VERLAG

25 Test: Was hast du gelernt?

Aufgabe 1:   z. B.: Moos, Boot, Zoo

Aufgabe 2:   z. B.: Seele, Schnee, Tee

Aufgabe 3:   z. B.: Haare, Waage, Paar

Aufgabe 4:   der Hai, die Buchseite, die Gitarrensaite, der Kaiser, der Meister, der Mai, der Laich, der Reim, die Maikönigin, der Maiskolben

Aufgabe 5:   die Katze, die Bretzel, der Schanz, die Mütze, der Klotz, der Pelz, die Heizung, trotzig, reizen, der Weizen

Aufgabe 6:   hassen, die Straße, der Kuss, die Soße, draußen, das Lasso, müssen, der Gruß, die Schlösser

Aufgabe 7:   die Lücke, die Bank, die Schaukel, der Blick, die Luke, welk, der Schmuck, der Makel, die Macke

Aufgabe 8:   Er schlummerte in seinem Bettchen.
Pferde fressen gerne Hafer.
Wir hoffen auf gutes Wetter.
Vater liebt Kartoffelpuffer.
Hunde, die bellen, beißen nicht.

Aufgabe 9:   fahren; backen

Aufgabe 10:   Er schwimmt durch den Fluss. Der Junge läuft zur Schule. Ich esse einen Apfel.

Aufgabe 11:   Bienenhonig, Haustür, abgrundtief, Hochhaus, kreidebleich

Aufgabe 12:   die Leute, die Häuser, die Mäuse, säuerlich, teuer, die Beule, die Bäume, die Scheune, die Träume, die Beute, bereuen

Aufgabe 13:   der Fuchs, die Hexe, der Knicks, der Erwachsene, links, tagsüber, die Tics, sonntags, die Kekse, das Wachstum

Aufgabe 14:   der Vater, die Harfe, oval, der Ofen, der Freund, früh, der Floh, viel Geld, er fiel hin, verlieren, die Vorfahrt

Aufgabe 15:   Wir fahren nach Italien.
Das Reiten macht Spaß.
Der alte Mann hustet.
Ich wünsche dir alles Gute.
Das Weiße Haus steht in Amerika.
Der weiße Schnee glitzert.

RICHTIG SCHREIBEN
Das Rechtschreibprogramm für die Schule und zum häuslichen Üben   –   Bestell-Nr. 11 187
KOHL VERLAG

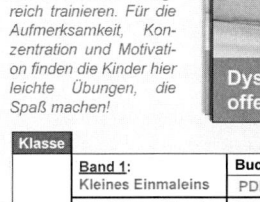

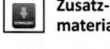

Hilfe bei Legasthenie

Fünf-Minuten-Diktate

U. Stolz & S. Hielscher & P. Lindner-Köhler

EINZEL- UND PARTNERARBEIT — P. Lindner-Köhler

5-Minuten Diktate zum gezielten Rechtschreibtraining

Ein Trainingsprogramm zur Bildung von Schreibkompetenz im 5. Schuljahr

1. Lernschritt: Aufmerksames Lesen.
2. Lernschritt: Häufig falsch geschriebene Wörter werden gezielt geübt.
3. Lernschritt: Das eigentliche Diktat.
Auf dem zweiten Arbeitsblatt befinden sich *zusätzliche Lernschritte* mit Übungen zu bestimmten Rechtschreibregeln, nach denen die Wortwahl gezielt ausgerichtet wurde.

je 48/52 Seiten

Klasse			
2	Buch	10 873	14,80 €
	PDF	P10 873	11,99 €
3	Buch	10 874	15,80 €
	PDF	P10 874	11,99 €
4	Buch	10 875	15,80 €
	PDF	P10 875	11,99 €
5	Buch	10 884	16,80 €
	PDF	P10 884	13,49 €
6	Buch	10 885	15,80 €
	PDF	P10 885	12,49 €
7	Buch	10 886	16,80 €
	PDF	P10 886	12,49 €
8/9	Buch	10 887	15,80 €
	PDF	P10 887	12,49 €

PDF-Schullizenz (je Band) 48,- / 50,- / 54,- €

FÖ

Je 20 Diktattexte, mit zusätzlichen Lernschritten!

Mag. C. Ertl & S. Tschannerl

Lesen lernen mit Ferdinand NEU

Legasthenie wirksam bekämpfen

8 bis 12 Jahre

Lesen lernen mit Ferdinand — Legasthenie wirksam bekämpfen

Der Band ist in mehreren Stufen aufgebaut. Zu Beginn wird die Konzentration geübt, anschließend die optische Wahrnehmung mit Bildern, Buchstaben und schließlich mit Sätzen bzw. Geschichten. Der Schüler findet Fehler, löst Rätsel und beantwortet Fragen. Wichtig ist, dass Lernen Spaß macht und mit positiven Emotionen verbunden werden kann, daher sind manche Texte wirklich „schräg". Eine Bitte an alle Lehrer, Eltern und Schüler, die mit diesem Heft arbeiten – auch Fehler positiv zu sehen ...

52 Seiten

Buch	12 410	16,80 €
PDF	P12 410	13,49 €

PDF-Schullizenz 54,- €

FÖ INK

3 4 5 6

Übungen zum sinnerfassenden Lesen

Bernhard Hartl

Themenwelt für Sprachanfänger NEU

Kinder mit geringem Sprachniveau zielgerichtet fördern & fordern

Alle Altersstufen — B. Hartl & L. Wenzl

Themenwelt für Sprachanfänger

Eingebettet in Themen aus ihrer Lebensumwelt fällt es den Kindern leichter, sich neue Wörter schnell zu merken. Mithilfe von Spielen und in Verknüpfung mit weiteren Fächern werden Wortschatz und Grammatik in diesem Werk zielgerichtet und schülerorientiert vermittelt. Mithilfe von LearningApps wird auch dem digitalen Zeitalter Rechnung getragen. Als roter Faden im Unterricht soll dieses Werk helfen, den Alltag zu meistern.

72 Seiten

Buch	12 466	18,80 €
PDF	P12 466	14,99 €

PDF-Schullizenz 60,- €

FÖ INK

Alle Stufen

Kinder & Jugendliche mit geringem Sprachniveau zielgerichtet fördern & fordern

---

Sabine Hauke

Die häufigsten Rechtschreibfehler

... und wie man sie vermeidet!

3.-8. Schuljahr — Sabine Hauke

Die häufigsten Rechtschreibfehler ... und wie man sie vermeidet!

Umfassendes Übungsmaterial zum individualisierten Lernen:
- Eingangstest zur Ermittlung individueller Fehlerschwerpunkte
- strukturiertes Übungsmaterial mit Lösungen
- Abschlusstest zur Sicherung der Lernfortschritte

48 Seiten

Buch	11 990	15,80 €
PDF	P11 990	12,49 €

PDF-Schullizenz 50,- €

FÖ

3 4 5 6 7 8

Übungsmaterialien zum individualisierten Lernen

Andrea Schinhärl

Der innovative LRS-Trainer Schnelle Soforthilfe

Alle Altersstufen — Andrea Schinhärl

Der innovative LRS-Trainer

Die 13 ausgearbeiteten Trainingseinheiten sind das ideale, innovative und wirksame Trainingsmaterial! Die Übungen widmen sich den größten Problemfeldern in der deutschen Rechtschreibung und erklären diese mit abwechslungsreichen Aufgaben und Übungen.

72 Seiten

Buch	10 742	18,80 €
PDF	P10 742	14,99 €

PDF-Schullizenz 60,- €

FÖ INK

Alle Stufen

Schnelle Soforthilfe für alle gestressten Lehrer & Eltern

Andrea Schinhärl

LRS wirksam bekämpfen! ... aus der Praxis

Alle Altersstufen — Andrea Schinhärl

LRS wirksam bekämpfen!

Sprachbeherrschung, -verständnis und der kreativ-fantasievolle Umgang mit Sprache sind entscheidend für das zukünftige Leben. Wenn bei diesen Grundkompetenzen große Schwierigkeiten vorliegen, ist oft die sogenannte „Lese-Rechtschreib-Schwäche" verantwortlich. Dieser Band liefert gezielte aufbauende Übungen zur Behebung dieser Schwächen!

80 Seiten

Buch	11 232	19,80 €
PDF	P11 232	15,99 €

PDF-Schullizenz 64,- €

FÖ INK

Alle Stufen

Aufbauende Übungen aus der Praxis

Kreuzworträtsel Deutsch

3.-4. Schuljahr — Autorenteam Kohl-Verlag

Kreuzworträtsel Rechtschreibung 1

Wesentliche Elemente der deutschen Sprache spielerisch erarbeiten

Die Umschreibungen für zu findende Begriffe wiederholen Laut- ur Schriftbild der Lösungswörter. Es werden Lösungen mit Doppelko sonanten, Wörter mit tz, Endlauten u.v.a.m. ebenso gefunden w z.B. Wortarten, Zeitformen, Adjektive, Satzglieder und Satzzeiche Kurze, Lesetexte zum Inhalt „Lesen" garantieren Erfolgserlebnisse.

Rechtschreibung	Buch	11 870	14,80 €
	PDF	P11 870	11,99 €
Grammatik	Buch	11 871	13,80 €
	PDF	P11 871	10,99 €
Lesen	Buch	11 872	14,80 €
	PDF	P11 872	11,99 €

je 32 Seiten

PDF-Schullizenz (je Band) 44,- / 48,- €

FÖ INK

Marisa Herzog

Qualipass Nomen, Verben, Adjektive

3.-6. Schuljahr — Marisa Herzog

Qualipass Nomen

Vielseitiges Übungsmaterial zur Übung und Festigung. Die Erkl rungen werden durch kurze Sachtexte, Anwendunge und ausführliche Übungen schülernah und verständlich vermitte Alle Arbeitsblätter dienen der Vertiefung und können als Einheit zu entsprechenden Teilbereich oder einzeln als Übung, Wiederholun und Festigung eingesetzt werden. **Mit Selbstbeurteilungsböge und Lernzielkontrollen.**

je 72 Seiten

Nomen	Buch	11 334	17,80 €
Verben	Buch	11 335	17,80 €
Adjektive	Buch	11 336	16,80 €

FÖ

Konkrete & abstrakte Nomen, Artikel, Pluralbildung, Zusammensetzungen ...

Gerlinde Maier & Petra Lindner-Köhler

Rechtschreibung stärken

Effektives Abschreibtraining

3.-4. Schuljahr — Gerlinde Maier & Petra Lindner-Köhler

Rechtschreibung stärken 3/4 — Abschreibtraining

Abschreiben ist nicht ganz einfach! Aber es ist unerlässlich i Deutschunterricht. Die Fähigkeit des fehlerfreien Abschreibens mus regelmäßig trainiert werden. Dabei motiviert die abwechslungsreich Form die Schüler. **Eine einfache aber wirkungsvolle Methode!**

je 56 Seiten

Klasse				
3/4	Buch	11 858	16,80 €
	PDF	P11 858	13,49 €
5/6	Buch	11 886	16,80 €
	PDF	P11 886	13,49 €

PDF-Schullizenz (je Band) 54,- €

FÖ

Wortertabellen, Konfettitexte, Schlangentexte, Fächertexte, Schneeflockendiktate ...

Gisela Ruthenberg

Richtig schreiben Eine praktische Lernkartei

Alle Altersstufen — Gisela Ruthenberg

Richtig schreiben — Praktische Lernkartei

Das Rechtschreibprogramm beinhaltet die intensive Schulung folgender B reiche: das Hören, das genaue Hinsehen, das Regeln lernen und sprachlich Ableitungen. Dieser Band beweist, dass Üben Erfolg bringt und die Lernmo vation steigert. **Ideal zum häuslichen Üben!**

76 Seiten

Buch	11 187	19,80 €
PDF	P11 187	15,99 €

PDF-Schullizenz 64,- €

FÖ

Alle Stufe

Wolfgang Krüger

120 Lese- & Schreibübungen mit Wortfamilien

3.-5. Schuljahr — Wolfgang Krüger

120 Lese- und Schreibübungen mit Wortfamilien

Lernen in drei Schritten: 1. Wörter vergleichen, den gemeinsamen Stam markieren; 2. Wörter in den Lückentext einsetzen; 3. Wörter nach Baustein gegliedert aufschreiben. Hierbei werden die Kinder mit dem Stammprinzip ve traut, das hilft, sich vom rein lautbezogenen Schreiben zu lösen.

128 Seiten

Buch	10 748	22,80 €
PDF	P10 748	18,49 €

PDF-Schullizenz 74,- €

FÖ INK

Mila Müller

LRS-Übungen mit Körperwahrnehmung

2.-6. Schuljahr — Mila Müller

LRS-Übungen mit Körperwahrnehmung — LRS-Kindern neue Zugänge bieten

Um Kindern mit einer Lese-Rechtschreibschwäche den Zugang zur Sprach zu ermöglichen, bietet sich das Ansprechen verschiedenster Areale im Gehi an. Mit Hilfe von bewegungs- und wahrnehmungsgestützten Übungen erlaubt dieses Arbeitsheft nicht nur Ihren LRS-Kindern Übungen mit Hilfe anderer Wahrnehmungskanäle.

32 Seiten

Buch	11 989	14,80 €
PDF	P11 989	11,99 €

PDF-Schullizenz 48,- €

FÖ

Roswitha Wurm

Wahrnehmung trainieren bei LRS

SEK & Erwachsenenbildung — Roswitha Wurm

Wahrnehmung trainieren bei LRS 1

Klar strukturierte Übungen geben sinnvolle Übungsmöglichkeiten und liefern schnelle Erfolgserlebnisse. Zusätzliche Wahrnehmungsspiele ergänzen die Arbeitsblätter sinnvoll. Diese Kopiervorlagen sind seit vielen Jahren erprobt und wurden erfolgreich im Einzel-, Gruppen- & Förderunterricht eingesetzt.

80 Seiten

Buch	11 311	19,80 €
PDF	P11 311	15,99 €

PDF-Schullizenz 64,- €

FÖ INK

LRS 4 Legasthenie wirkungsvoll bekämpfen mit gezielten Übungen

---

Roswitha Wurm

Aufmerksamkeit trainieren bei LRS

SEK & Erwachsenenbildung — Roswitha Wurm

Aufmerksamkeit trainieren bei LRS 2

Aufmerksamkeit schärfen bedeutet, mit offenen Augen, gespitzten Ohren und Feingefühl durchs Leben zu gehen. Die zusammengestellten Übungen schulen die Aufmerksamkeit, die für eine gelingende und erfolgreiche Behandlung von LRS notwendig ist. mit variablen chronologischen Übungen.

64 Seiten

Buch	11 312	16,80 €
PDF	P11 312	13,49 €

PDF-Schullizenz 54,- €

INK

Aufgaben zur Schulung der Wahrnehmung und Aufmerksamkeit